现代高校花样跳绳理论与实践探究

张永茂◎著

中国水利水电出版社
www.waterpub.com.cn

·北京·

内 容 提 要

跳绳比赛是体育课必不可少的运动项目，主要考察学生的身体协调能力及弹跳力，受到学生的热烈欢迎和喜爱，更是锻炼身体的好项目，对于花样跳绳来讲，更是如此。本书首先阐述一些关于花样跳绳的基本理论，包括起源与发展、分类与特点等，然后从花样跳绳的活动准备、操作方法、教学、技术训练等各个方面进行阐述与分析，最后就花样跳绳的欣赏以及组织裁判进行研究。

本书可作为高校学生的花样跳绳学习用书，还可作为花样跳绳研究者的参考用书。

图书在版编目（CIP）数据

现代高校花样跳绳理论与实践探究 / 张永茂著. --
北京 : 中国水利水电出版社，2019.6（2024.8重印）
ISBN 978-7-5170-7708-4

Ⅰ．①现… Ⅱ．①张… Ⅲ．①跳绳－高等学校－教材
Ⅳ．①G898.1

中国版本图书馆CIP数据核字(2019)第099000号

责任编辑：陈 洁　　　　封面设计：王 斌

书　　名	**现代高校花样跳绳理论与实践探究** XIANDAI GAOXIAO HUAYANG TIAOSHENG LILUN YU SHIJIAN TANJIU	
作　　者	张永茂　著	
出版发行	中国水利水电出版社 （北京市海淀区玉渊潭南路 1 号 D 座　100038） 网址：www. waterpub. com. cn E-mail：mchannel@ 263. net（万水） 　　　　sales@ waterpub. com. cn 电话：(010) 68367658（营销中心）、82562819（万水）	
经　　售	全国各地新华书店和相关出版物销售网点	
排　　版	北京万水电子信息有限公司	
印　　刷	三河市元兴印务有限公司	
规　　格	170mm×230mm　16 开本　12.25 印张　218 千字	
版　　次	2019 年 6 月第 1 版　2024 年 8 月第 3 次印刷	
印　　数	3001—3200 册	
定　　价	55.00 元	

前　言

　　跳绳是我国历史悠久的运动项目，在其基础上发展而来的花样跳绳，容易操作、形式多样、对场地要求不高、能起到较好的健身效果，深受广大群众的喜爱和欢迎。花样跳绳作为我国古老跳绳运动的新时代产物，要想充分挖掘该项目的文化底蕴，就需要借用现代新兴的方式进行包装和创新，拓宽途径，广为传播，让更多的人认识并了解，最终喜爱并逐步渗透扩散开来，这将是花样跳绳运动推广的理想途径和发展的有利趋势。由此，在学校中进一步推广花样跳绳具有重要的价值和意义，有利于中华民族传统文化的发扬发展。

　　花样跳绳器材简便易携带，花样繁多，音乐动感十足，长期有规律的练习，既能提高练习者的身体素质和协调性，又能让练习者掌握一门技能，增加竞争优势，因而，陆陆续续有人加入练习大军。近年来随着全民健身计划的推行，新课程改革的推进实施，校本课程作为以学校为本位的课程已成为当今教育形式下的趋势，同时也得到了许多普通教师的广泛关注。

　　总体来说，本书共分为六章。第一章主要是对花样跳绳的理论基础进行探讨，分别从花样跳绳定义、发展历程、内容分类以及花样跳绳的特征作用进行详细阐述；第二章主要针对花样跳绳专业入门知识进行分析，内容为花样跳绳的专业术语、花样跳绳的前期准备以及花样跳绳的基本要求三方面；第三章针对的内容为花样跳绳的实践阶段，也就是花样跳绳的体验阶段，主要内容有两部分，分别是花样跳绳的日常训练和花样跳绳的高校教学；第四章主要从花样跳绳的不同阶段进行分析和阐述，分别从初级、中级和高级三方面对花样跳绳的技巧进行了详细阐述；第五章涉及的内容主要是艺术欣赏之创编花样跳绳方面，分别从花样跳绳的创编原理、创编要素、花样跳绳的程序方式以及花样跳绳的创意案例等方面展开探讨；第六章也是本书的最后一章，主要针对的内容为激情竞技之组织花样跳绳，分别从花样跳绳的竞技意义、花样跳绳的竞技种类、花样跳绳的竞技规则以及花样跳绳的评判方式等方面展开分析。

　　本书在整个撰写和出版的过程中，获得了作者主持的西南石油大学人文专项基金课题基金资助（批准号：2015RW014）。在全国跳绳运动推广中心大力支持下，作者广泛汲取和借鉴了多位跳绳业界学者关于花样跳绳的理论与实践研究成果，在此对所涉及的专家、学者表示衷心的感谢。

　　在后期资料的整理、修正和统稿的过程中，作者作为西南石油大学健康体育青年科技创新团队（批准号：2017CXTD014）课题组一员，也受到整个课题团队对本书的支持与帮助，在此一并向他们表示衷心的感谢！

　　由于时间和精力以及作者的能力所限，虽然在书写的过程中力求完美，仍然或存不足与疏漏，欢迎业界专家和广大读者及时指正，以使本书更加完善。

作者

2018 年 6 月

目　录

第一章　理论基础之认识花样跳绳

　　跳绳是我国民间一项传统的体育项目，花样跳绳已发展成一项在全世界普及的运动项目，世界各地的跳绳爱好者们在原有的跳绳运动的基础上结合音乐、舞蹈、体操等元素创造出了一些非常新颖的跳法，例如交互绳、车轮跳、网绳等，给古老的跳绳运动增添了更多的趣味性，从而形成了现代的跳绳运动——花样跳绳。本章中，我们一起认识什么是花样跳绳，了解其起源发展，了解花样跳绳运动在我国的发展概况。

第一节　花样跳绳的定义

一、传统跳绳的定义

　　绳子与我们的生活密切相关，在远古时代，我们的祖先用它作为记事的工具，捆扎物品，搬运东西，或用来驱使牛、马等家畜，绳子是人类生产生活中一件非常重要的工具。而在孩童们的眼中，绳子则是一件简易而又有趣的玩具，跳绳是孩子们童年生活中一项不可缺少的活动。那么什么是跳绳呢？《中国大百科全书》中对跳绳概念的阐述是："跳绳是一种在环摆的绳索中做各种跳跃动作的体育游戏"，这个概念反映了 20 世纪大多数人对跳绳的理解和认识。

　　那么，现代人们的跳绳运动和过去人们的跳绳运动有什么不同呢？传统的跳绳，跳法单一，缺乏趣味性。个人短绳的跳法基本只包括单脚跳、双脚跳、挽花跳、多摇跳；长绳的跳法除单、双脚跳外，还包括转身、摸地等较简单的花样动作。现代花样跳绳，在传统跳绳的基础上又发展出了多种跳法，花样繁多，趣味性较强。

二、现代跳绳的定义

随着现代跳绳运动的发展，跳绳的内涵在不断地变化和丰富。花样跳绳作为一项新兴的运动项目，与以往我们所认识的跳绳具有很大的不同。首先，它的外在表现形式越来越多样化。以往人们跳绳都只是单纯地绕绳做上下跳跃的运动，现代花样跳绳打破了以往摇跳方式的局限性，创造了摆（甩）、绕、缠、放等多种形式的技术动作，另外还加入了许多新兴元素，如街舞、武术、杂技、体操等，然后配合上音乐、灯光、服饰等展现出来，是一项非常具有艺术性、观赏性和比赛性的项目。其次，目前世界上很多国家都有正式的跳绳比赛，如比利时、美国、英国、日本、韩国等，世界五大洲都成立了跳绳联盟，五大跳绳联盟同属于世界跳绳联盟。世界跳绳联盟每两年举行一次世界跳绳锦标赛，参赛的国家和运动员人数不断增加，跳绳运动已经发展成为一个有组织的世界性的运动项目，从本质上脱离了"体育游戏"这个范畴。再次，跳绳的参与人群不断扩大，跳绳的花样繁多，使学习者在很快掌握更多技术的同时，又不失乐趣，受到了各种年龄层次的人的喜欢，从小孩到老人、从普通民众到运动员都参与到花样跳绳运动中，现代跳绳运动具有广泛的群众基础。总之，跳绳这项古老的体育活动正在放射出新的光彩。

第二节　花样跳绳的发展历程

一、现代跳绳运动的起源和发展

（一）花样跳绳的起源

从人类起源开始，人类就本能地具有跳跃的能力，同时这种能力也是人类适应不断变化着的环境所必需的。作为一种条件反射，跳跃是人类最自然的运动能力之一，可能是为了逃避危险的动物，或者是在仪式上舞蹈，也可能是为了从树上摘取食物等。更重要的是，跳跃是一种自然的条件反射，可以发展成为一项个人的优势技能，对于当时人类的生存有着至关重要的作用。

随着时间的推移，在同自然界的相处中，人们开始将这种上下跳跃的运动与自然界的物体结合起来。最早的古埃及和澳大利亚土著居民，他们用丛林中植物的藤蔓或者竹条来跳跃。有一种说法认为，跳绳运动是模仿纺织工人纺线时在线绳间跳来跳去的动作。世界上最早的关于跳绳的记录是欧洲中世纪时期的一张油画，绘制的是儿童在鹅卵石的街道上滚铁圈和跳绳的画面。

在我国，跳绳是一项广为流传的民间体育活动，至今已有一千多年的历史，唐、宋、明、清等朝代都有相关记载。唐朝称跳绳为"透索"，每年八月十五以"透索"为戏。明代称跳绳为"跳白索"。明代《帝景景物略》一书有跳绳的记载："二童子引索略地，如白光轮。一童跳光中，曰跳白索。"这段话的意思是二童摇绳配合得很熟练，把长绳摇得犹如一轮白色光轮，在中间跳绳的孩童就好像在光轮中跳，非常形象地将两人摇长绳、一人中间跳绳的情景绘制下来（图1-1）。清代人形象地把跳绳称为"绳飞"，至今我国很多体育教师、跳绳爱好者及研究者仍把跳绳中的单摇跳、双摇跳分别叫作"单飞"和"双飞"。现代跳绳运动发展迅速，正在成为一项世界性的体育项目，除了传统的单人跳、集体单绳跳外，又发展出双人跳、多绳集体跳、多摇跳、单人花样跳、车轮跳、交互绳跳、网绳等。今天，跳绳运动已经成为一项流行的有氧健身运动。

图1-1 古代儿童的跳绳游戏

（二）我国跳绳运动的发展

在中华人民共和国成立初期，我国民间跳绳爱好者就开始致力于跳绳运动的开展。1954年12月，我国第一部关于跳绳的书——《跳绳》出版，但其内容主要是一些简单的直摇与交叉摇动作，技术较为简单。此外，在该时期大多数著作中，跳绳只是作为一种儿童游戏或者体能训练的辅助手段。

陕西省被誉为我国"跳绳的故乡",多次掀起跳绳热潮。1959年,为了促进跳绳运动快速科学地发展,陕西师范大学开办了"跳绳培训班",这是我国第一个有组织的跳绳培训活动,对于我国民间跳绳运动的发展具有一定的推动作用,此后由于种种原因,我国民间跳绳的发展受到了严重的影响,直至20世纪80年代,跳绳运动的发展才逐步走入正轨。

1988年,全国高等院校《体操》普修教材将跳绳作为轻器械体操的教学内容之一,全国体育院校《大众艺术体操》教材也将其作为主要内容。

1992年5月2日,陕西省举办了"西安首届跳绳大赛",800多人参赛,标志着跳绳运动开始进入体育竞赛领域;1993年12月27日,在西安师范大学成立了全国第一家"跳绳协会",有力地推动了民间跳绳运动的发展。

2000年4月,国家体育总局群体司制定并实施《国民体质测定标准》,把两分钟跳绳列入《国民体质测定标准》成年人部分的内容。

2002年5月教育部基础教育司把跳绳作为选学的教学内容的具体实例编入《体育与健康课程标准解读》中。

国家教育部办公厅2004年下发的"体育、艺术2+1项目"通知中将跳绳作为其中重要内容。通知中说:"跳绳之所以能够成为中小学生普遍喜爱的一种体操健身活动,就在于跳绳不仅运动方便、经济、便于携带,而且健身和娱乐并存。通过跳绳练习,不仅能有效地增强练习者的腿部力量,提高体能,增强弹跳力、灵敏性、协调能力和耐久力,对于促进运动器官和心血管系统的机能有着良好的作用,而且在双人和多人协同练习过程中,可以培养学生协调能力和顽强拼搏精神"。跳绳运动重新在我国掀起热潮。

2007年10月,为了规范跳绳运动,国家体育总局社体中心组织相关专家审订了我国第一部跳绳竞赛规则——《中国跳绳竞赛规则》,2007年12月7日,在广州市举行的中国首届跳绳公开赛就使用了该规则。同年10月,河南洛阳举办了首届河洛跳绳节。

2008年7月,受国家体育总局的指派,河南洛阳洛龙区第二实验小学的河洛跳绳队和广东广州番禺区石基镇沙涌小学的跳绳队代表内地参加了三地(内地、香港、澳门)跳绳精英赛。

2009年7月,在四川阆中举办了第二届全国跳绳公开赛。同月在中国香港举办的第五届亚洲跳绳锦标赛,洛阳市跳绳运动协会代表中国参加了本次比赛,并为中国实现了金牌零的突破。

2010年7月,国家体育总局社会体育指导中心在成都体育学院组织召开了《跳绳竞赛规则》编写会，总结了 2007 版规则和参照国际跳绳规则，使我国跳绳运动发展与国际跳绳发展顺利接轨，宣布本规则从 2011 年 1 月 1 日起执行，同年 8 月在成都双流举办了中国跳绳公开赛，12 月在山东潍坊举办了全国跳绳精英赛。

2012 年在河南洛阳举办了全国跳绳教练员、裁判员培训班。至 2011 版规则修订后，由国家体育总局社会体育指导中心主办的第一期全国跳绳教练员、裁判员培训班，吸引了全国各地跳绳爱好者参与。这样，跳绳项目实行竞赛的轮廓和具体办法就大体形成，跳绳比赛步入了正规化的轨道，结束了跳绳只是民间体育活动的历史。此后我国每两年举办一次全国跳绳公开赛，迄今为止，已举办四届全国跳绳公开赛，大大地推动了跳绳运动在我国的发展（图 1-2）。

图 1-2　我国学校跳绳运动的开展

由于跳绳具有很强的锻炼价值，而且动作简单易学、观赏性强，现代跳绳在我国已发展成为一项普及性很强的体育运动，尤其受到了广大中小学生的喜爱，成为很多中小学运动会重要的表演和比赛项目。跳绳在我国虽然很普及，但大众跳绳的整体水平却落后于西方一些发达国家和地区。

跳绳运动在我国香港地区的中小学开展得较好。从 1999 年开始，香港心脏专科学院在香港特区政府教育署、卫生署及东华三院的全力支持下，向全香港中小学生推行了一套系统的、具有长远战略意义及有效预防心脏病的计划，名为"跳绳强心"计划，希望通过教授有趣的花样跳绳，鼓励青少年多参加运动，建立健康的生活模式，从而预防心脏疾病的发生。"跳绳强心"计划分三部分：一是教授花样跳绳，二是心脏健康教育，三是举办跳绳同乐日。同时，为了推动学生坚持跳绳运动及维持健康的生活习惯，"跳绳强心"计划统筹处还特别设计了一个简单、富趣味性而又循序渐进的活动，名为"金章计划"，作为跳绳同乐日的延续。

2007年，我国香港跳绳代表队参加了在印度新德里举行的第四届亚洲跳绳锦标赛，这是我国首次参加世界大型跳绳比赛，跳绳运动员们不负众望，获得了39金、17银、7铜的好成绩，其中个人比赛夺得10金、9银、5铜，团体比赛夺得29金、8银、2铜，成为全亚洲冠军。2008年7月，我国香港跳绳队首次参加在南非举办的世界跳绳锦标赛，勇夺7金、6银、4铜，击败全球十八个国家或地区的代表，成为世界总冠军。在2010年英国世界跳绳锦标赛暨世界青少年锦标赛中，我国香港花样跳绳代表队力压国际强队，以15金、12银、14铜的佳绩再次登上世界冠军宝座。这些荣誉的获得，得益于"跳绳强心"计划在香港地区中小学的广泛开展。

2013年国家体育总局社会体育指导中心（以下简称社体中心）授权成立全国跳绳运动推广中心（以下简称跳绳中心），负责全国跳绳运动发展的专门组织机构，这也意味着我国跳绳的发展正式开启了新篇章。同年8月在安徽池州举办了2013年中国跳绳公开赛。

2014年在国家体育总局社会体育指导中心的指导下和全国跳绳运动推广中心大力推广下，全国跳绳联赛正式开启，并于2015年5月在大连举办了首届全国跳绳联赛总决赛，至今已举办了四届。全国跳绳联赛总决赛及全国跳绳锦标赛（2016年3月四川汉源）的举办，标志着中国跳绳竞赛进入全新的时代。

在此基础上，我国也成功举办了两届中国国际跳绳公开赛，为我国申办世界跳绳锦标赛奠定了良好的基础，并于2018年7月在上海成功承办了第十二届世界跳绳锦标赛（图1-3）。

图1-3 2018年世界跳绳锦标赛中国队夺冠

二、世界跳绳运动的发展

目前，全世界的跳绳运动发展很快，跳绳已经发展成为一个世界性的体育项目。1996 年，国际跳绳联盟（International Rope Skipping Federation，IRSF）成立，总部在加拿大蒙特利尔，理事会设在欧洲比利时首都布鲁塞尔。国际跳绳联盟是一个世界性跳绳组织，成员从最初的欧美 7 个国家发展到现在已有的 48 个国家和地区。各大洲均已成立了跳绳协会，负责组织开展洲内跳绳运动，包括欧洲跳绳组织（ERSO）、非洲跳绳组织（AR-SO）、大洋洲跳绳联盟（ORSF）、泛美跳绳联合会（PARSF）和亚洲跳绳联盟（ARSF）。国际跳绳联盟每两年举行一次世界跳绳锦标赛，时间在 7月份，至今国际跳绳联盟已举办过十二届世界跳绳锦标赛，参赛人数从最初的 120 人发展到如今的 1200 人。

欧洲跳绳组织在每年 7 月的最后一周，举办全欧洲跳绳大赛——欧洲跳绳冠军赛，这也是除了世界跳绳锦标赛外，在全世界最有影响的跳绳大赛（图 1-4）。

图 1-4 中国跳绳运动员正在比赛

亚洲跳绳联盟成立于 2001 年，现有 7 个成员国，包括中国、日本、印度、马来西亚、巴基斯坦、新加坡、韩国，联盟规定每两年举行一次亚洲地区跳绳锦标赛，迄今已举办了六届。第一届亚洲跳绳锦标赛于 2001 年在韩国汉城（今首尔）体育大学举行，第二届亚洲跳绳锦标赛于 2004 年在泰国曼谷大学举行，第三届亚洲跳绳锦标赛于 2005 年在马来西亚吉隆坡举行，第四届亚洲跳绳锦标赛于 2007 年在印度新德里举行，第五届亚洲跳绳锦标赛于 2009 年在我国香港举行，第六届亚洲跳绳锦标赛于 2011 年在韩国首尔举行。第七届亚洲跳绳锦标赛于 2014 年在新加坡举行，第八届亚洲跳绳锦标赛于 2015 年在马来西亚举行，第九届亚洲跳绳锦标赛于 2017 年在韩国仁川举行。

历届历届世界跳绳锦标赛举办国家及地点

表 1-1　历届世界跳绳锦标赛举办国家及地点见表 1-1。

届次	时间	举办国家	举办城市
第一届	1997	澳大利亚	悉尼
第二届	1999	美国	圣路易斯
第三届	2001	韩国	汉城（今首尔）（仅大师赛）
第四届	2002	比利时	根特（仅团体赛）
第五届	2004	澳大利亚	黄金海岸
第六届	2006	加拿大	多伦多
第七届	2008	南非	开普敦
第八届	2010	英国	伦敦
第九届	2012	美国	佛罗里达州
第十届	2014	中国	香港
第十一届	2016	瑞典	马尔默
第十二届	2018	中国	上海

第三节　花样跳绳的分类

一、花样跳绳的内容与分类

花样跳绳在国际上称为 Rope Skipping，国内也有称为花样跳绳（花式跳绳），是一项综合了速度（计时计数）与花样技巧（结合音乐的自由式花样）的优秀运动项目。

国际速度类跳绳包括个人绳速度和交互绳速度，国内速度赛中还有一项具有中国特色的长绳绕"8"字速度跳项目。个人绳速度通常分为考验最快速度的 30 秒单摇跳和 30 秒双摇跳，考验速度耐力的 3 分钟单摇跳，考验力量耐力的连续三摇跳。交互绳速度一般分为 40 秒、45 秒和 60 秒单摇跳三个类别（表1-2）。跳绳是由"跳"和"摇"两个元素组成，所有类别的跳绳动作必须至少包含"跳绳"和"摇绳"两个元素中的一个，在"跳"和"摇"上分别衍化出很多花样。比如个人花样中"跳"的动作包括步法、转体等动作，"摇"的动作包括摇绳方向、手臂位置、摇绳圈数等；交互绳中"跳"的动作包括步法和技巧花样，"摇"的动作包括特殊手臂、摇绳圈数、放绳等，"跳"和"摇"综合变化可以衍生出更多的花样。

表1-2　花样跳绳内容分类

分类	项目	动作结构	主导因素	特点
计数类	30秒单摇跳	单一	体能	速度性
	30秒双摇跳	单一	体能	速度性
	3分钟单摇跳	单一	体能	耐力性
	连续三摇跳	单一	体能	力量耐力性
	45秒交互绳单摇跳	单一	体能	速度性
花样类	个人花样	多元	技能	难美性
	同步花样 （2人、4人、多人）	多元	技能	难美性
	车轮跳 （2人、3人、多人）	多元	技能	难美性
	交互绳 （3人、4人、多人）	多元	技能	难美性
	绳中绳	多元	技能	难美性
	绳网绳阵	多元	技能	难美性

二、花样跳绳运动的基本动作分类

花样跳绳动作根据不同的分类标准有不同的分类方法。

（1）根据绳子的长短，可以将花样跳绳分为以下几类：第一，短绳类，适合1~2人练习，绳子长短根据跳绳者身高决定，一般不超过3m；第二，中长绳类，适合3~5人练习，两人摇绳，1~3人在绳中跳跃，一般长度为5m左右；第三，长绳类，适合多人练习，长度根据同时在绳中跳跃人数决定，一般为7m左右。

（2）根据参与跳绳的人数，可以将花样跳绳分为个人跳绳、双人跳绳、三人跳绳、四人跳绳和多人跳绳（5人及以上）。

（3）根据跳绳时使用绳子的数量，可以将花样跳绳分为单绳类、双绳类和多绳类（至少使用3根绳子）。

（4）根据跳绳技术特点和动作结构，可以将花样跳绳分为个人花样、朋友跳、车轮跳、交互绳、长绳类。

（一）个人花样

个人花样是指一名跳绳者运用一根个人绳，按照跳绳运动的基本规律，合理运用身体姿势的变化或人绳之间的配合，做出各种各样的花样动作，全面展示个人跳绳的技巧性和艺术性。按照动作结构及动作特点，结合国际跳绳比赛个人花样（Single Rope Freestyle）的评分标准，个人花样分为基本花样、交叉花样、多摇跳花样、力量型花样、体操型花样和抛接绳花样6个类别（图1-5）。

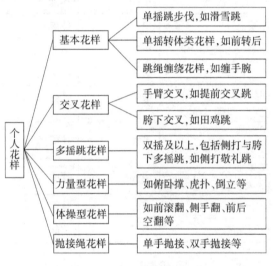

图1-5　个人花样跳绳分类

（刘树军，花样跳绳，2013年）

（二）朋友跳

在跳绳运动中，两人以任何方式协同跳一根绳子，称为朋友跳，又叫作两人一绳花样跳。朋友跳动作多样，极具娱乐性和互动性，特别适合家人、同事、同学、朋友等跳绳爱好者进行练习（图1-6）。

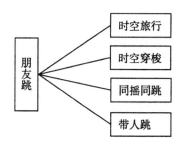

图 1-6　朋友跳分类

（刘树军，花样跳绳，2013 年）

（三）车轮跳

车轮跳，又名中国轮，英文名为 Wheels，Chinese Wheels，它是一种两人或两人以上相互配合轮流进行跳绳的新型跳绳方法，由于是轮流进行跳绳，从侧面看就像车轮在转动，故得其名（图 1-7）。

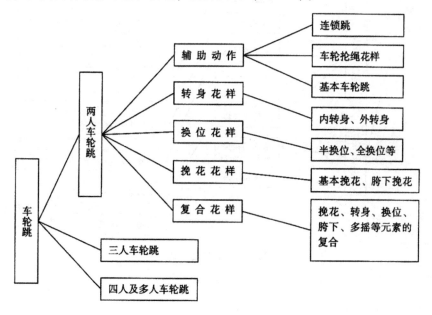

图 1-7　车轮跳分类

（刘树军，花样跳绳，2013 年）

（四）交互绳

世界跳绳联盟比赛规则中这样描述交互绳：两名摇绳者分别握住两根绳子的末端，两根绳子向相同或相反方向依次打地，同时跳绳者在绳子中做出各种技巧，跳绳者和摇绳者可以相互转换（图1-8）。

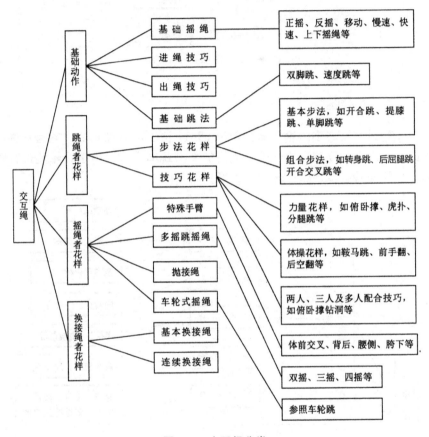

图1-8　交互绳分类

（刘树军，花样跳绳，2013）

（五）长绳花样

长绳是花样跳绳中所需绳具及人数最多的项目，一根或多根短绳与一根或多根长绳的组合，绳中有绳，变化万千，精彩纷呈，是表演赛中最精彩的一部分。长绳跳属于集体项目，要求参加者动作协调统一，齐心协力，考验跳绳者之间的相互协作精神。跳长绳对于摇绳者的技术要求较高，如摇绳者技术水平高，跳绳者会比较轻松。因此，要求摇绳的人注意力集中，注意摇绳的速度、节奏，主动配合跳绳者。长绳花样可以分为单长绳花样、多长绳花样、长短绳花样。长绳分类内容如图1-9所示。

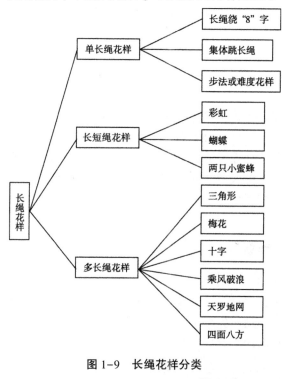

图 1-9　长绳花样分类

（刘树军，花样跳绳，2013 年）

第四节　花样跳绳的特点和价值

一、花样跳绳运动的特点

（一）简便易行

花样跳绳简便易行的特点主要体现在场地、器材、实施条件的便利性和经济性。花样跳绳项目不受场地的限制，街头巷尾、田间地头或是社区学校、厂矿乡野，只要是地面平整、无安全隐患的空间，即可以成为花样跳绳的练习场地。花样跳绳器材简单便宜、小巧便携，一根绳子就能展示出所有令人眼花缭乱的花样。花样跳绳活动灵活多样，不受人数、性别及年龄的限制，是一项适合儿童、青少年、中年、老年参与的大众体育运动项目。参加花样跳绳活动既可以多人组合，默契配合，培养团队的协作能力，又可以单人单绳，精于技巧的提高，专于花样的完善。花样跳绳在场地、器材、实施条件方面简便易行的特点，是发展跳绳的前提条件。

（二）花样繁多

在个人花样、车轮跳、交互绳、绳网绳阵等各类花样跳绳中都有近百种跳法，每种跳法又可以衍生出更多的跳法。花样跳绳创意无穷，练习者可根据自身特点选择练习适合自己的动作，激发自己的创编灵感，创造出新的花样。练习者每成功掌握一个新动作，都会体验到一种成就感和满足感，这种成就感和满足感反过来也会推动练习者继续开拓新的花样，不断超越自我。

（三）安全性高

花样跳绳运动量可大可小，锻炼强度也可自由掌握。花样跳绳中没有直接的身体对抗，器材简单安全，跳绳者可以根据自身能力完成不同难度的花样动作，即使动作失败也不容易受伤，强度小的跳绳还可以用来作为其他项目的热身活动。

二、花样跳绳的价值

（一）花样跳绳的健身价值

花样跳绳能满足包括少儿、青壮年、中老年等不同年龄和群体的健身需求。儿童早期教育中可以使用花样跳绳作为练习手段，促进儿童的健康发育，确立数字概念，提高记忆能力，使儿童心灵手巧，培养平衡感和节奏感，确立时间概念和方位感觉。另外，花样跳绳还非常适合中老年健身。花样跳绳对人体体质健康起到全面促进的作用，具体表现在形态、素质、机能三大方面。

1. 改善身体形态

跳绳运动能够改善体成分，表现为减少体脂和增加骨量等。跳绳时会消耗大量的热量，减肥作用也十分显著，它可以结实全身肌肉，消除臀部和大腿上的多余脂肪，使锻炼者的形体健美，并能使动作敏捷、重心稳定。

跳绳运动还能增加骨量，增大骨密度，花样跳绳的主要动作为原地跳动和双手及手臂摇动，该运动能使前臂肌肉得到充分的活动，桡、尺骨能受到充分的肌肉牵拉，从而产生应变，骨量增加明显。花样跳绳运动对腰椎产生的运动负荷主要为地面的反作用力以及维持身体运动平衡有关肌肉的牵拉力等。跳绳运动虽然由于上体动作简单，腰部只需较小的力就能维持身体的运动平衡，但其运动过程中每次的跳动，腰椎总是受到地面相应爆发性向上的反作用力，能使腰部受到强烈的生理压力，从而使腰椎受到一定的运动负荷而产生应变，增加骨量。另外，跳绳时双脚或单脚落地后，身体自重对下肢骨骼有一定的压力，从而能刺激骨质增长，促进儿童骨骼的成长发育。

2. 提高身体素质

跳绳虽看似简单，却是一项全身性的运动，不但能增强机体的有氧代谢功能，还可以使力量、速度、灵敏、耐力等各项身体素质全面提高。跳绳运动对身体素质的影响在协调性和力量方面更为突出。经常参加各种跳绳活动，可以使青少年儿童的身体素质得到全面发展，如快速跳练速度、负重跳练力量、计时跳练耐力、花样跳练灵敏度等。所以，目前在各中小学体育教学中，常用跳绳作辅助练习。国外在运动员训练中也大多用跳绳来作为发展弹跳力，提高身体素质的一种重要手段。

3. 改善身体机能

跳绳促进体质发展，体现在对心血管疾病的干预和防范。跳绳对心脏机能有良好的促进作用，它可以让血液获得更多的氧气，使心血管系统保持强壮和健康。跳绳运动是一项有益的体育锻炼方法，单纯性肥胖且血脂增高的少儿，通过跳绳运动，可以达到减轻体重，降低血胆固醇、甘油三酯（三酰甘油）、载脂蛋白 B100 的目的。

跳绳能增强人体心血管、呼吸和神经系统的功能，增进人体器官发育，有益于身心健康，强身健体、开发智力、丰富生活。跳绳时的全身运动及手握绳对拇指穴位的刺激，会大大增强脑细胞的活力，提高思维能力和想象力，因此跳绳也是健脑的最佳选择。研究证实，花样跳绳是全身运动，人体各个器官和肌肉以及神经系统同时受到锻炼和发展，所以长期跳绳可以预防如糖尿病、关节炎、肥胖症、骨质疏松、高血压、肌肉萎缩、高血脂、失眠症、抑郁症和更年期综合征等多种病症。

（二）花样跳绳的健心价值

跳绳运动能降低焦虑和抑郁，使情绪积极，改善心境，有利于心理健康。有专家研究参加花样跳绳锻炼后的大学生，其匹兹堡睡眠质量指数与锻炼前相比有显著性差异，焦虑和抑郁分值显著低于锻炼前，中等强度的有氧跳绳锻炼能显著提高大学生的睡眠质量，能有效地改善大学生焦虑和抑郁症状，提高学习能力和判断力，增强想象力和创造力，培养顽强的意志和奋发向上的精神以及强化自我形象等，对大学生的心理健康起到积极的作用。

另有文献指出，经常跳绳的绝经期老年女性其骨密度较高、骨量较多，并且情绪更积极、心理更健康。除此之外，跳绳运动尤其符合女性的生理和运动特点，对哺乳期和绝经期妇女来说，跳绳更是兼有放松情绪的积极作用，因而也有利于女性的心理健康。鉴于跳绳对女性的独特保健作用，法国健身专家莫克专门为女性健身者设计了一种"跳绳渐进计划"。初学时，仅在原地跳1分钟，3天后即可连续跳3分钟，3个月后可连续跳上10分钟，半年后每天可实行"系列跳"：如每次连跳3分钟，共5次，直到一次连续跳上半小时。跳绳半小时，相当于慢跑90分钟的运动量，是标准的有氧健身运动。

（三）花样跳绳的观赏、竞技价值

跳绳常被拳击、羽毛球、田径、健美操和艺术体操等竞技体育项目作为专项训练的辅助手段，以促进身体素质、运动成绩的提高。花样跳绳所展现的速度、力量、难度及团队配合技巧等给观众带来极大的视觉冲击；舞台化、艺术化的跳绳就是一场文艺演出，可以给观众带去美的享受和心灵的震撼，具有极强的观赏性，有较高的竞赛和表演价值。

（四）花样跳绳的休闲娱乐价值

娱乐作为人的本能需求，是体育产生的原因之一。跳绳从其萌芽开始就与人们的娱乐活动有着密切的关系，游戏性是跳绳的重要特征之一，尤其是对儿童。跳绳花样无限，不管是跳绳初学者，还是跳绳老手，丰富的跳绳技术及难易兼具的跳绳技巧都会给人带来无限创意和挑战；不管是新发明的跳法，还是不同的花样组合，花样跳绳从来不会让人觉得枯燥乏味，只要肯动脑筋，并努力去做，随时可以体验到成功和进步的乐趣。娱乐是人的一种愉快的心理或精神体验，它是人类生活中不可或缺的重要内容。跳绳的娱乐性具有两重性："娱己"和"娱人"。"娱己"是指跳绳者的自娱自乐；"娱人"则是指跳绳运动给观众带来观赏娱乐性，使观者在"观"与"赏"之间体味"乐"，满足娱乐的心理需求。娱乐是我国跳绳运动发展的主导价值取向，游戏、竞技是其娱乐性的根本体现，跳绳融入中小学课程之中使其娱乐性得以充分展现，表演化的跳绳又使其"娱人"功能得到进一步的发挥。

（五）花样跳绳的社会价值

随着社会的高速发展，人民生活水平日益提高，文化生活越来越丰富，花样跳绳简便易学、灵活有趣、易于推广，为社区体育发展注入活力，它能促进和谐社会中个体的健康发展，协调社会生活感情，有利于营造公平、公正的社会氛围；它是有中国特色的全民健身体系中的重要部分，是学校体育改革发展的必然方向。跳绳运动对建立社会关系的积极作用在国内外得到认同。美国迪斯尼电影公司在 2007 年拍摄的跳绳主题励志电影——《跃动青春》（Jump In），在创造票房佳绩的同时，鼓励青少年追求梦想、实践梦想，营造融洽和睦的家庭氛围、邻里关系和校园环境，通过跳绳技艺的沟通和传播，促进和谐人际关系的建立和保持。另一方面，跳绳活动对矫正破坏社会和谐稳定的行为以及消除不和谐社会隐患也有不可估量的作用。

综上可知，花样跳绳不但可以减肥、健美形体，更能改善心血管、呼吸和神经系统，预防各种疾病，调节情绪，利于心理健康，还具有竞技表演、休闲娱乐功能，可以进一步促进和谐社会关系的建立。

第二章　专业入门之学习花样跳绳

　　花样跳绳术语是说明花样跳绳动作的专门用语。学习了解和正确使用花样跳绳术语不仅有助于花样跳绳教学和训练的顺利进行，而且对于花样跳绳的传播交流以及这项运动的规范化和标准化都具有极其重要的意义。跳绳虽是一项传统的体育项目，但花样跳绳技术体系却相当复杂，需要系统地对其进行提炼、归纳和总结，目前还没有形成统一的动作命名方法及动作分类标准。基于此，本章综合国内、国外动作命名方法来对花样跳绳运动的术语进行分类和归纳。

第一节　花样跳绳的专业术语

　　跳绳术语是正确说明跳绳动作和技术的专门用语，是语言的一种特殊的表现形式。跳绳隶属于体操项目，跳绳术语是依据体操术语的基本原则发展起来的，它来源于实践又指导实践。正确运用跳绳术语，不仅有助于理解和掌握跳绳技术，提高教学和训练的效果，而且对于跳绳运动的普及和提高、跳绳竞赛的开展、跳绳教学训练经验的积累和交流、跳绳科研的发展及理论的丰富都具有十分重要的意义。跳绳动作术语应确切说明跳绳动作的特点和做法，并对动作进行正确而有条理的描述。因此，跳绳动作术语应力求达到"准确、简练、通俗"的要求。

　　准确——就是要确切地说明动作的性质、特点。

　　简练——就是要简明、扼要、精练。

　　通俗——就是要形象，易于理解。

一、跳绳术语的类型

（一）结构术语

结构术语是指描述动作形式及其本质特征的专门用语。这一类术语称为标准性或规范性术语，是跳绳术语的主要内容。但是，由于结构术语中有的复杂动作的术语文字描述较长，教学训练时使用起来比较困难，在实践中常被简化，或者由形意术语所代替。

（二）形意术语

形意术语是用形象、形意来描述体操动作的一类术语，是广大跳绳爱好者根据动作的结构用动物的名称来比喻动作，或是从体操、健美操、艺术体操等项目中借用而来。这类术语由于有形象、形意等特点，简明易记，很容易被人们所接受，比如田鸡跳、科萨克跳、米字绳、网绳等。

（三）外来术语

花样跳绳是一项新兴的运动项目，具有较强的包容性。花样跳绳中不少动作来自体操、武术、街舞等，其动作名称便借用其原形动作的名称，比如俯卧撑跳、手倒立跳等。

二、跳绳运动基本术语

在跳绳运动的基本术语当中，常见的有"飞""摇"，跳绳术语中有单飞、双飞、三飞。"摇，动也"（《说文》），"摇"字说明绳子摆动的动力，能清晰地描绘出绳子运动的过程；"飞，鸟翥也，象张翼之形"（《说文》），形容像飞鸟一样飘逸迅疾，更直观形象地描绘出跳绳的速度及花样绚丽多彩、变化万千。在跳绳术语中"摇"与"飞"无好坏之分，优劣之别，关键在于人们的习惯。本书为描述方便，暂选用"摇"字。

（一）动作方向的术语

1. 基本方向

一般以人体直立时来确定。

前——腹部所对的方向。

后——背部所对的方向。

侧——肩侧所对的方向。

上——头顶所对的方向。

下——脚底所对的方向。

前上——臂前举与上举之间45°的方向。

前下——臂前举与下垂之间45°的方向。

后上——臂后举与上举之间 45°的方向。

后下——臂后举与下垂之间 45°的方向。

侧上——臂侧举与上举之间 45°的方向。

侧下——臂侧举与下垂之间 45°的方向。

2. 动作的方向

动作的方向主要是指身体和身体各部位运动的方向。一般是根据人体直立时的基本方向确定的。

向前——向胸部所对的方向运动。

向后——向背部所对的方向运动。

向侧——向肩侧所对的方向运动。必须指明向左（右）侧运动。

向上——向头顶所对的方向运动。

向下——向脚底所对的方向运动。

此外，四肢运动的方向还有向内、向外两种。

向内——四肢开始做动作时由两侧向人体中线运动。

向外——四肢开始做动作时由人体中线向两侧运动。

（二）动作之间相互关系术语

1. 同时和依次

同时——指在单个动作中，身体各部位动作或身体与器械动作在同一时间内完成。

依次——指在单个动作中，两臂或两腿先后连续完成相同动作。

2. 接

接——两个单个动作之间要求连续完成时，用"接"字把它们连接起来。

3. 由、经、至、成

由——指身体某部位动作开始时的位置。

经——指身体某部位在完成某一动作时通过某方向。

至——指身体某部位运动时所到达的终点位置。

成——动作结束时，身体各部位构成的某种姿势。

（三）人与器械关系术语

1. 正绳

当绳摇转向跳绳人时，绳是从上向下转的，称为正绳。

2. 反绳

当绳摇转向跳绳人时，是从下向上摇转的，称为反绳。

3. 正入

正摇绳时跳入叫正入。

4. 反入

反摇绳时跳入叫反入。

5. 正出

向正入方向跳出叫正出。

6. 反出

向反入方向跳出叫反出。

7. 近绳

在跳绳时，在绳子静止不动平行放置时，距跳入者近的绳叫近绳。

8. 远绳

在跳绳时，在绳子静止不动平行放置时，距跳入者远的绳叫远绳。

（四）跳绳动作术语

1. 摇甩绳

指绳子左右摆荡，其倾斜不超过45°。

2. 摇转绳

指绳子按圆弧转动。分为前摇绳与后摇绳，对应前摇跳与后摇跳。根据练习者身体部位，摇短绳时由后经上向前摇绳叫前摇绳；由前经上向后摇绳叫后摇绳。

3. 单摇

每向上跳跃一次，使绳子从脚下通过一次叫单摇跳。

4. 双摇

每向上跳跃一次，使绳子从脚下通过两次叫双摇跳（亦称"跳双飞"）。

5. 多摇

每向上跳跃一次，使绳子从脚下通过三次以上叫多摇跳（如三摇跳、四摇跳等）。

6. 正摇

跳长绳时，绳向练习者由上而下摇转为正摇。

7. 反摇

跳长绳时，绳向练习者由下而上摇转为反摇。

8. 侧摇

绳子在身体两侧摇动，不经过脚下和头顶。

9. 放绳

在个人跳、交互绳中，摇绳者单手或双手短时间放开绳柄，使绳子在惯性下自由转动。

10. 抛绳

通过身体某部位主要是手的动作，使绳子离开身体，飞向空中的动作。

11. 接绳

指将运动着的绳柄停落在身体某一部位的动作。

12. 缠绳

将绳子绕在身体某一部位的动作。

13. 停绳

跳绳结束时，将绳子停留在脚下叫停绳。

14. 交接绳

跳绳时，跳绳者和摇绳者在绳子不停顿的情况下，互换角色的过渡动作。跳绳者从绳端跳出的同时，从摇绳者手中接过正在摇转绳子的绳柄继续摇绳。

15. 飞

在跳绳中，身体跳跃腾空即为"飞"，单摇跳即单飞，双摇跳即双飞，三摇跳即三飞，以此类推。

16. 交叉

摇绳时，手臂与手臂或手臂与肢体的交叉，也称为编花或挽花，例如：单摇的基础交叉中手臂与手臂交叉的单摇基本交叉跳，手臂与腿部交叉的同侧胯下交叉和异侧胯下交叉，手臂与身体交叉的敬礼跳。

双摇的基础交叉中，快花、扯花、凤花、龙花为4个基本编花动作：

（1）快花——手臂动作一次直摇接一次交叉。

（2）扯花——手臂动作一次交叉接一次直摇称为扯花。

（3）凤花——两手臂保持在体前交叉挽花。

（4）龙花——两手臂保持在体前交叉挽花，每一次过脚两手臂都上下换位一次。

在这4种基本偏花动作中，根据不同的组合，三飞又可延伸出三直飞、三扯花、快扯花、扯快花、三快花、三凤花、扯凤花、快凤花、扯龙花、快龙花、龙凤花、凤龙花、大龙花十三个基本动作，四飞又可延伸出四直飞、四扯花、四快扯花（两种）、四快花、四扯快花、叠扯花、叠快花、四凤花、四扯凤花（两种）、四快龙花和叠龙花共十三个基本动作，另外还有五飞，动作难度更大，需要很好的弹跳和爆发力。

（五）队列队形术语

不管是在花样跳绳的教学，还是比赛表演中，体育教师都要注意学生队列队形的组织。在体育教学中，良好的组织可以为教学创造良好的教学环境和教学气氛，有助于学生较快地学习和掌握动作。在比赛表演中，良好的组织是学生精神风貌的外在表现，是比赛评分的一个重要方面。

1. 列

学生左右并列成一排称为列。

2. 路

学生前后重叠成一行称为路。

3. 横队

学生左右并列组成的队形叫横队。在横队中队形的宽度大于队形的纵深或相等。

4. 纵队

学生前后重叠组成的队形叫纵队。在纵队中队形的纵深大于队形的宽度或相等。

5. 翼

队形的左右端叫翼。右端为右翼，左端为左翼。

6. 排头

位于纵队之首或横队右翼的学生（一个或数个学生）叫排头。

7. 排尾

位于纵队之尾或横队左翼的学生（一个或数个学生）叫排尾。排头与排尾，是随着队形方向变换而相应改变的，当纵队和横队向后转后，原来的排头就变为排尾、排尾就变为排头。

三、动作术语的运用

（一）跳绳动作术语的构成

运用术语说明跳绳动作时，一般应包括动作部位、动作方向、动作做法、结束姿势4个方面，其中动作部位、动作方向、动作做法是动作术语的主要成分。

1．动作部位

指手腕、手臂、脚、膝、腿、腰等。

2．动作方向

有前、后、左、右、上、下等及动作所经过的路线。

3．动作形式

如屈膝、抬腿、转体、抛、接、空翻、腾跃等。

4．结束姿势

指至什么部位或成什么姿势。

在记写单个动作或组合动作时，不必把动作的开始结束姿势、动作方向和路线全部指出来，只写动作的主要结构和特点，如开合交叉跳，如果全部写出来的话，可写成："由直立姿势开始，向前或向后摇绳，双腿一开一交叉跳跃。"这样虽然具体，但文字繁多，不利于应用。在记写较为复杂的动作时，要注意身体各部位动作或身体与器械动作的时间顺序，正确地使用动作相互关系的术语。如"同时"或"依次"等，说明转体动作必须指明转多少度。

（二）跳绳动作术语的记写方法

1．跳绳动作记写的要求

（1）记写单个动作时，应根据跳绳术语分别说明动作的三个部分，即预备姿势、动作做法、结束姿势。但在记写组合或成套动作时，应按顺序记写单个动作的做法或名称，其预备姿势和结束姿势只写第一个动作的预备姿势及最后一个动作的结束姿势。

（2）跳绳的组合或成套动作应按动作节拍记写。

（3）记写复杂单个动作时，按身体各部位动作的先后顺序记写。

（4）如果后若干拍动作与前若干拍动作做法相同，后若干拍动作可以省略不写，但如果动作方向相反，则必须指出。

2．跳绳动作的记写方法

（1）完整记写法。根据结构术语记写的要求，按动作节拍，用文字详细、准确地说明具体动作。一般多用于编写教材、体育锻炼标准等。如：

前摇转体 180 度成后摇。

预备姿势：直立姿势，绳放在腿后。

第一拍，绳子正常向前摇动跳跃一次；

第二拍，当绳子由后向前摇至头顶前上方时，起跳转体 180°，绳子从体侧摇至体前，绳子不过脚（注意：此时绳子的摇动方向变成了后摇）；

第三拍，当绳子从体侧摇体前下方时，双手打开于腰间向后摇绳。

（2）缩写法。只简单记写动作的做法或动作名称。多用于编写教学大纲、教案，如动作名称"田鸡跳""八爪鱼""米字绳"。

（3）图解法。用草图来说明动作。它的特点是直观、运用方便，一般用于写教案或教材。

四、跳绳的基本动作

在多人配合的花样跳绳中，跳绳者和摇绳者需要协同配合，共同完成。跳绳者是指不用摇绳，只在绳中跳跃或者既要摇绳又同时跳绳的人，所谓摇绳者是指在一个花样动作中，至少手握一根绳摇绳的人，摇绳者可以跳跃绳子也可以不跳跃绳子。

在花样跳绳中，摇绳者与跳绳者同等重要，必须默契配合才可以顺利完成动作。跳绳者要有很好的身体素质，在绳中完成各种花样，充分体现动作的美感。摇绳者要有良好的绳感，绳子就好像自身手臂的延长，能很好地控制绳子的速度、节奏及动作幅度，同时保持绳子在空中的运行轨迹清晰、饱满、完整。

（一）摇绳的方向

根据摇绳的方向，可以分为前摇、后摇、侧摇和平摇。由后向前摇绳为前摇，由前向后摇绳为后摇，绳子在身体一侧摇动为侧摇，绳子在头顶、腰侧、脚下平行摇动为平摇。一般前摇为默认跳法。

（二）摇绳旋转次数

摇绳旋转次数是指起跳后至脚落地前绳子通过脚下的次数。跳起一次，绳跃过头顶通过脚下绕身体一周（360°），称作单摇跳（或单飞）；跳起一次，绳跃过头顶通过脚下绕身体两周（720°），称为双摇跳（或双飞）。依次类推，为 3 摇、4 摇、5 摇。

（三）上肢动作

在花样跳绳中，上肢动作复杂多变，两手臂的不同位置变化可以创出不同的花样，根据两手姿势的不同，上肢动作可以分为基本摇绳、体前交叉、体后交叉、前后交叉、顺式侧摇和逆式侧摇。在交叉跳绳中，根据手臂打开与交叉的顺序组合可以分为开合交叉、合开交叉、固定交叉和交替交叉。

（四）躯干动作

以自然姿势的跳绳称为直体；身体的左右转动称为转体，如左转 90°、左转一周等。

（五）下肢动作

下肢动作可以分为步法和胯下花样。步法花样为各种健美操或舞蹈步法动作组成，如开合跳、提膝跳等；胯下花样为摇绳手臂与腿部交叉的动作，分为单手单腿、双手单腿、双手双腿等不同类别。

（六）近端绳与远端绳

在交互绳及网绳中，在绳子静止不动平行放置时，距跳入者近的那条绳叫近端绳，距跳入者远的那条绳叫远端绳。

（七）预备动作

并脚站立，两膝关节并拢；两手握绳柄，将绳置于身后，绳的中央位于脚踝处；两手臂自然下垂贴紧身体两侧，腕关节微微翘起。

（八）停绳动作

短绳停绳动作为一脚站立，另一脚的脚心踩住绳子中间位置，两手各握一绳柄拉绳于身体两侧。长绳停绳动作可以根据人数或具体动作而定，可以踩绳停绳，也可跳绳者跳出绳外停绳。

第二节　花样跳绳的前期准备

一、绳具种类

绳具即为跳绳时使用的器具，跳绳的绳具种类较多，根据不同的分类原则可以分为以下几类：①根据绳子的长短可以分为短绳、中长绳和长绳；②根据绳具的材质可以分为棉、塑料绳、珠节绳、钢丝绳等；③根据绳具的功能可以分为计数绳、计时绳、卡路里绳等；④根据绳具的用途可以分为速度绳、花样绳等。

绳具一般由绳柄、绳体及绳柄与绳体之间的连接装置三部分组成。绳柄为人手与绳子的接触器材，是绳具中重要的组成部分，在花样跳绳中具有非常重大的作用，绳柄可以保护使用者手部免受磨损，同时有利于花样动作的完成。绳柄有长短之分，短绳柄一般用于速度跳和动作较单一的花样跳，两手打开于腰间及手部位置较为固定的动作，如单摇步法类动作；长绳柄一般用于动作较为复杂的花样动作，特别是手臂有交叉的动作，因为长绳柄延长了手臂长度，无形中缩短了手臂交叉幅度，从而提高动作完成度。某些绳柄还添加了一些特殊装置，如机械计数器、电子计数器、电子计时器、能量测试仪等，从而增加了绳具功能。绳体是绳具的主体部分，决定了绳具的长短及使用效果。绳体的中间位置与地面接触，最好选用耐磨材料制作，且要保持绳体的平滑及重量均匀，一般不可在绳体上打结。绳柄与绳体之间的连接装置也是绳具的重要组成部分，它可以保证力量的有效传递，从而提高绳子的控制能力和绳体运行的完美弧度。

目前国内外绳具种类繁多，外形各式各样，功能各有不同，根据绳具的制作材料可以分为珠节绳、胶绳、钢丝绳、棉绳、智能跳绳、无绳跳绳、LED 发光跳绳等。

（一）珠节绳

珠节绳是用多个直径为 2.5~3.0mm 的塑料珠节串在一起组成的绳子，也叫"拍子绳"，优点是外观绚丽，轻重适中，手感舒适，不容易卷曲，能胜任个人花样、车轮跳、交互绳等各类花样跳绳，绳子打地及珠节空隙与空气摩擦会发出声音，表演效果较好，是新手入门的最佳选择（图 2-1）。

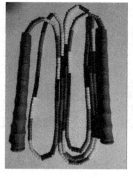

图 2-1　珠节绳

（二）胶绳

胶绳是用含有 PVC 或 TPU 成分的塑料制成的，直径一般为 3.0～5.0mm，优点是绳子价格便宜，重量较轻，跳速度及花样都可胜任，缺点是当绳子速度较快时，绳体会变形拉长，并且容易卷曲，特别是天气较冷时，塑料绳容易变硬折断，使用前可用放入热水中浸泡，擦干后使用（图 2-2）。

图 2-2　胶绳

（三）钢丝绳

钢丝绳是专门用来跳速度的，里面是很多根缠在一起直径为 0.6～0.8mm 的细钢丝，外面是一层很薄的塑料，可防止训练失误时抽伤身体，但正式比赛时要把外面塑料刮掉。钢丝绳的优点是绳柄上有一个特制的转轴，转动非常灵活，速度快，重量轻，世界跳绳速度类项目比赛中，大多数选手都会选用钢丝绳；缺点是不太适合用于花样动作等练习（图 2-3）。

图2-3　钢丝绳

（四）棉绳

棉绳是使用最早的绳具，它取材简便，价格便宜，外形普通，一般无绳柄，跳速度时较为笨重，并且容易卷曲。棉绳较易磨损，阻力较大（图2-4）。

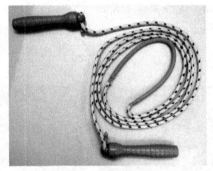

图2-4　棉绳

除上面介绍的几种跳绳外，还有一些多功能跳绳，如计数跳绳、计时跳绳、卡路里跳绳、练习力量的加重跳绳等。

二、安全注意事项

对于任何运动来说，安全都是最重要的，跳绳运动需要注意的安全事项如下。

（1）国际跳绳联盟建议7岁以上、70岁以下的人群适合参加跳绳运动，初学者在进行运动前应先进行体质测试，以确定是否适合此项运动，特别是老人、小孩、有伤或有病史的初学者。

（2）跳绳前要做好充分的准备活动，尤其是相关的部位，如肩膀、手臂、手腕、脚踝，避免扭伤、挫伤。准备活动不充分，动作僵硬、不协调，易造成损伤。开始跳绳后，速度由慢到快、循序渐进。

（3）多人跳绳时需要留意人与人之间的距离，以免被他人的绳子打伤。

（4）不能穿高跟鞋或拖鞋。跳绳者应穿质地软、重量轻的高帮鞋，避免脚踝受伤；口袋里不要带有尖锐的物品。

（5）跳绳时不宜脚后跟着地。起跳和落地是前脚掌的"任务"，因为脚后跟着地，时间长了会产生很多隐患，如大脑、脚踝和脊柱都有可能受到不同程度的损伤。同时，膝盖应微微弯曲，以缓和膝盖、脚踝与地面接触时的冲撞。

（6）选择软硬适中的草坪、木质地板和泥土地的场地较好，勿在硬性水泥地上跳绳，以免损伤关节，并易引起头昏。地面一定要平坦，最好铺上地毯或软垫。不宜在松动的土地上练习，否则，绳子摩擦地面会扬起很多尘土，污染呼吸道，对眼睛也不好。跳绳的时间一般不受限制，但是勿在饭前和饭后半小时之内进行。

（7）宜采用双脚同时起落的方式跳绳。跳起高度不要太高，以免关节因负重过大而受伤。

第三节　花样跳绳的基本要求

一、绳具的选择

对于跳绳者来说，合适的绳长是非常重要的，如跳短绳，合适的绳长可以让手臂处于正确的位置，实现"力量节省化"，跳出更多更难的花样动作。初学者短绳长度可以用以下方法确定：以两脚并拢踩在绳子中间，两腿伸直，两手握绳拉直，绳柄末端于腋下为最合适长度，根据跳绳技巧能力的提升可适当地缩短绳长。

（一）绳具的长度

绳的长度还要根据所跳花样及不同技术阶段来进行调节，如花样绳一般比速度绳稍长；随着跳绳者动作熟练程度及跳绳水平的不断提高，可以选用稍短一点的绳子，以便跳得更快及跳出更难的花样动作。

朋友跳、车轮跳等两人或多人配合类单绳一般比个人绳稍长，以朋友跳为例，这类绳子的长度可以用以下方法确定：两人并排站立，每人外侧手各持一绳柄，两人伸出内侧脚踩住绳子中间，绳柄达到两人胸部位置为佳。三人交互绳长度一般为 3.6～4.0m，4 人交互绳长度一般为 4.2～4.8m，长绳类可根据跳绳者人数及动作来选择绳长。

（二）是否容易卷曲

选择绳子另外一个非常重要的因素就是绳子是否容易卷曲。好的绳子不容易打卷，摇动时能够保持饱满的弧度，同时给跳绳者最大的跳跃空间，不容易缠脚，可以增加跳绳成功机会，减少失误。

（三）绳柄设计

最后一个需要考虑的重要因素就是绳柄的设计。首先，绳柄的长短、粗细应适中，外观漂亮，手感舒适；其次，绳柄与绳体的连接处旋转要顺畅，容易控制绳子的速度及形状；最后，绳柄应容易拆卸，方便调整绳子长度。

二、服装的选择

跳绳时最好穿一些轻便舒适、透气性较好的运动服装，为避免影响跳绳时动作的灵活性，服装不能太过宽松。初学者可以穿长裤及长袖服装，以防动作失误时绳子打到自己的身体。另外，女士练习跳绳时最好穿适合运动的胸罩。跳绳时最好穿软底、高帮、鞋底不容易挂绳、弹性较好的运动鞋，不可以穿高跟鞋和坡跟鞋。头发过长易缠到绳子，将头发扎起来为宜。

三、音乐的选择

音乐跳绳时，应选用一些节奏感较强的音乐，如现代舞音乐、摇滚乐、街舞音乐或健美操音乐。无论选择哪种音乐，能跟着音乐的节拍跳绳才是最重要的，跳绳是一项节奏感很强的运动，音乐可以使跳绳更具有韵律性和艺术性。初学者可以选用每分钟 120～125 拍的音乐；中等水平的跳绳者可以选用每分钟 125～130 拍的音乐；高水平跳绳者可以选用每分钟 130～135 拍的音乐，更优秀的运动员，可以选用每分钟 160 拍的音乐。不同水平的跳绳者最好选用能随之跳跃的音乐，不过快也不过慢，音乐速度适中，以能够跟随音乐"与绳共舞"为佳。

四、场地的选择

普通跳绳对场地要求不高，只要能摇开绳子，地面平坦、柔软即可，但是要练习难度较高的花样跳绳，最好选择塑胶或木质地板等地面有弹性的场地，这样可以减少运动损伤。硬质水泥地不适宜长时间跳绳，尤其是青少年，跳绳者可以选择使用跳绳垫（如瑜伽垫）或做简易跳绳台，来保护身体和室内地板免受损害。跳绳垫的大小根据所练习动作而定，动作幅度较小的动作可以选择面积较小的跳绳垫，如基本单摇跳步法花样，可以使用1.2m×1.2m的跳绳垫；动作幅度较大的动作可以选用面积较大的跳绳垫，如俯卧撑花样，可以使用2m×2m的跳绳垫。

儿童简易跳绳台通常是长1.8m、宽0.9m、厚2.2~2.6cm左右的木板。成人则为长2.4m、宽1.2m、厚2.8~3.3cm的木板。

五、呼吸要求

呼吸在跳绳过程中是非常重要的，但对呼吸的要求很容易被忽略。跳绳时应注意动作与呼吸的配合，保持呼吸通畅，不可憋气，也不可长时间大口喘气，憋气会因呼吸不畅而导致缺氧，大口喘气会使身体水分过快流失。

良好的跳绳节奏有助于呼吸的调节，跳绳时要尽量动作配合呼吸，保持呼吸均匀通畅。不要紧张，紧张会引起心跳过快，进而导致呼吸节奏紊乱，影响练习效果。长时间或大强度跳绳后不要马上停下来，更不可马上躺下或坐下。跳绳使人体所有肌肉都得到活动，跳完后应使身体慢慢放松下来，可以选择放松走动，等心率恢复后做一些拉伸动作。

第三章　实践阶段之体验花样跳绳

花样跳绳训练包括竞技性训练和一般健身性训练。竞技性训练是指教练员传授花样跳绳专项理论知识并对练习者进行系统的技术技能、身体素质、心理素质等训练，其目的是通过训练不断提高运动员的技术水平和比赛能力，创造出优异的比赛成绩。一般健身性训练是指训练对象把跳绳作用一种健身工具，其目的是为了增强身体素质，丰富业余生活。本章将主要就花样跳绳的体验进行详细分析与阐述。

第一节　花样跳绳的日常训练

一、花样跳绳训练的基本特点与原则

花样跳绳训练具有自身的特点，存在着一定的内在规律，只有尊重和严格按照这些规律实施训练，才能获得训练的最终成功。

（一）花样跳绳训练的特点

1. 时间灵活性

花样跳绳不受场地的限制，器材又简便易携，活动安排也灵活多样，因此对于一般跳绳者来讲，训练时间的灵活度较大。上班人士可以利用上下班前后的空余时间练习，学生可以利用大课间、放学后（或业余时间）进行花样跳绳训练。业余时间训练要想达到最佳效果，应制定长期训练目标，明确发展方向和长远计划。同时，制订阶段训练计划，包括训练内容安排、采取的方法与手段等，以保证长期训练总目标的实现。另外，学生还要注意学期与学年的周期性特点，在平时以文化学习为主，花样跳绳训练为辅，而在寒暑假及临时集训期间，可以花样跳绳训练为主，坚持半天或全天训练。这种以学期和学年为周期的训练特点是学生进行脑力劳动和体育训练相结合的最佳形式，是其他专业训练无法比拟的。

2. 项目多样性

花样跳绳既有如田径运动中的速度、耐力等单一体能类项目，如30秒单摇跳、3分钟单摇跳等；又有如体操、武术运动中的难美类项目，如个人花样；同时还有融合各种元素于一身的表演性项目。因此，花样跳绳的种类繁多，一方面，可以吸引更多的人参与其中；另一方面，繁多的种类也给训练带来了更多的难度。

（二）花样跳绳训练的基本原则

1. 区别对待，鼓励为主

区别对待原则是指在田径运动训练过程中，根据训练对象的个人特点（年龄、性别、身体条件、训练水平、特长、文化水平和心理品质等方面），有针对性地科学确定训练任务、内容、方法、手段和运动负荷。训练水平越高，个人的特点就越突出，因此更要贯彻区别对待原则。

2. 合理安排运动量

合理安排运动量原则，是指在花样跳绳运动训练过程中，根据运动员的水平及不同的训练时期，适当增减运动量。

合理安排运动量还必须考虑到数量、强度、时间和密度之间的关系。一般来说，运动量的增加都是从增加数量开始，在适应了这种数量之后，再逐渐提高练习的强度，缩短练习的间隔时间（增加密度），增加练习的难度和提高练习的质量。

3. 速度训练与花样训练相结合

速度训练是花样跳绳训练中的基础训练，花样训练是速度训练的高级形式，要想花样跳得好，必须抓好速度训练。很多花样动作的完成都需要速度作为保证，如个人花样中的多摇跳花样，交互绳花样中的快速步法等，如果没有速度的基础，是很难做出精彩的花样来的。

在训练初期，可以多安排一些速度训练，注重基本跳跃练习，加快绳子的摇动速度，打好扎实的基本功；速度达到一定水平后（如30秒达到140~150次）就可以转为练习花样为主，同时还应多加强节奏的练习，以达到很好的控制能力。

二、花样跳绳训练的内容

在实施花样跳绳训练过程中，根据训练目的、内容的不同，可分为体能训练、技术训练和心理训练。

（一）体能训练

体能训练分为一般体能训练和专项体能训练。进行一般体能训练时，可采用多种多样的非专项身体练习，改善运动员形态，增进身体健康，提高身体技能，全面发展运动素质。进行专项体能训练时，根据专项的需要采用与专项有密切联系的专门性的身体练习，发展和改善与专项运动成绩有直接关系的专项运动素质和专项所必需的身体机能。

1. 力量素质

力量素质与其他身体素质有着极为密切的关系，影响着练习者肌肉耐力的增长、灵敏素质的发展和速度素质的提高等，被称为基本的运动素质。练习者任何技术动作的表现都是通过肌肉动作来实现的，力量素质是身体训练水平的重要指标。

在安排力量素质训练时，要考虑量力性原则和适应性原则，把力量训练的重点放在速度力量上，使力量训练与速度训练结合起来，不宜以增加肌肉体积的方式来发展力量。在力量发展初期，应以发展全身肌肉系统的力量、提高肌肉协调用力的练习为主。通过各种跑跳游戏如接力跑、蛇形跑发展速度力量，通过各种重复跳跃动作发展弹跳力，采用俯卧、仰卧的"两头起"练习发展腹背肌力量，采用"推车"、俯卧撑等练习发展上肢肌肉力量。弹跳力是花样跳绳中用力的主要方式之一，超等长力量练习法是一种发展弹跳力的有效方法，如采用较低高度的跳绳练习来发展腿部力量和快速用力能力。除此之外，还可利用地形做练习，如沙地跑、上（下）坡跑、跑（跳）阶梯、提踵、下蹲跳等发展速度力量。但要根据个人的特点区别对待，合理安排重复次（组）数和时间（包括间歇时间），逐步提高要求，以促进全身力量的协调发展。

花样跳绳力量素质是以表现在外部阻力不大的情况下，在最短时间内发挥肌肉力量的能力，即爆发式弹跳力，以及快速重复完成动作的能力——速度力量。发挥跳绳练习者的弹跳力、速度力量，是花样跳绳专项素质练习的重要内容。花样跳绳中最基本的动作就是跳跃，主要表现为跳跃高度和跳跃速度，如多摇跳花样，人跳起一次，绳子在空中绕身体三周以上，练习者需要一定的跳跃高度才能完成动作；练习者要在规定的时间内完成更多的花样动作，需要连续快速跳跃的能力。发展练习者的弹跳力，是指在进行各种跳跃动作练习时，肌肉的动作方式、动作结构、用力方向及关节角度与跳绳腾空跳跃专项技术要求相一致。这种接近专项技术的弹跳力练习，是发展弹跳力常用的方法，它对跳绳中跳跃技术动作的掌握和提高起着正诱导作用，如连续直体跳、收腿跳、分腿跳及各种转体跳等。通过专门性练习，如连续双摇跳、连续三摇跳等完整技术的重复练习，来发展跳绳练习者的弹跳力。

2. 速度素质

速度素质是跳绳运动的基本素质之一，主要包括反应速度和动作速度。速度素质的发展水平高低直接决定或影响运动技术水平的高低、竞技能力的强弱与比赛成绩的好坏。速度能力主要表现为动作速度，即完成单个动作和若干个连续动作的速度。有资料表明，10~13 岁少儿是发展速度的敏感期，应抓住这一时期，给予适宜的训练，提高他们的快速动作能力。

根据跳绳动作的速度表现形式，一般可分为连续跳跃的速度、脚步变换速度、摇绳速度、手部变换速度等，各类动作速度的提高，可分别通过专门的重复练习，达到最大速度，建立专项速度储备。练习时，一般选择主要的、典型的并被练习者熟练掌握的动作，在不破坏正确技术的前提下进行。发展速度的练习，要求用极限或接近极限的速度来完成每一次动作（或重复动作），尽量缩短完成动作的时间，如以最快速度完成若干次单摇跳、双摇跳或三摇跳等，逐步增加练习难度，最大可能地刺激运动员动作速度得到提高。在练习过程中，一旦练习者出现技术变形，应马上停止。

练习者也可采用条件刺激练习法提高跳绳速度。条件刺激，就是给练习者一个已知信号，使练习者按信号改变练习的速度或节奏。可采用击掌、口令等提示，做"慢→快→最快→快→慢"的交替重复练习。对动作速度的要求，要逐渐达到最快并超过平时具有的习惯速度，要求练习者中枢神经系统有较高的兴奋性。因此，速度的练习应安排在课的前半部分。为调动练习者的积极性，可以采用比赛法等形式，但要掌握好合理的练习时间，重复次数过少或过多都不利于动作速度的提高。

3. 耐力素质

耐力素质是指有机体长时间活动与疲劳做斗争的能力。花样跳绳中低难度的跳跃及步法变换动作属于有氧运动，高难度的多摇跳属于无氧运动。少年儿童应以发展有氧耐力为主，训练时应注意适当控制负荷，最大可能地建立有氧耐力储备，随着年龄的增长，不断提高对无氧耐力训练的要求。

跳绳本身就是锻炼耐力比较好的方法，如可以采用 100~120 次/min 匀速持续单摇跳绳的方法发展有氧耐力，并常以脉搏频率作为指标，控制练习的强度。一般认为，心率在 130~170 次/min 为适宜状态，运动结束后 5 分钟恢复到 120 次/min 以下。还可以采用各种长距离跑、球类活动或各种游戏的方法提高有氧耐力。进行无氧耐力练习时，要考虑跳绳运动对无氧耐力的需求，可以采用 400m 跑等。随着训练水平的提高，练习的负荷要随之增加直至最大。在花样跳绳的专业比赛中，要求在 45~75 秒的时间内完成各种花样动作，其中大部分为高难度的跳跃类动作，运动强度非常大，主要以无氧糖酵解供能为主。通过专项耐力训练，提高跳绳爱好者抗疲劳能力，建立专项耐力储备。通过快速单个跳绳动作重复练习，或重复练习 1/2、1/3 或整套动作的练习方法来提高耐力素质，重复练习的次数应随着训练水平的提高而增加。

4. 灵敏协调素质

灵敏协调素质是多种素质的综合体现，其生理学基础是中枢神经系统传导过程的协调。灵敏协调素质是掌握跳绳技术的基础，跳绳动作特别强调手脚的配合，尤其是跳起后手的变化，必须协调一致，否则极容易造成动作失败。要提高灵敏协调素质，首先应培养肌肉合理用力的能力。技术动作的协调完整和练习者完成动作过程时的适宜、合理用力是分不开的。这就要求在进行基本技术练习时，肌肉根据技术动作的具体要求进行收缩和放松，该紧张的紧张，该放松的放松，合理配合、交替灵活，使动作流畅、协调、自然。

发展练习者的协调性，可以先从简单的单摇跳绳动作练起，教练员通过讲解和示范，使练习者建立正确的动作表象，并通过慢动作或者速度不太快、强度小的重复练习，使练习者有意识地、集中注意力地去体会用力顺序和相应肌肉的紧张与放松，以发展肌肉协调用力能力，掌握合理的用力方法，最大可能地体会完成动作时相应肌肉的用力感觉。随着练习的不断深入，练习速度应逐渐加快，强度逐渐加大（如由单摇变为双摇），以增加肌肉用力的精确分化程度。

其次，应培养模仿能力。花样跳绳动作变化万千，花样繁多，练习者在学习初期应具备较好的模仿能力，特别是在学习旋转类动作时，大脑能很好地支配身体各器官，应逐渐增加复杂程度，并注意培养练习者的时空感和定向能力。

再次，初学者可以利用外界的刺激来帮助自己协调自身肢体动作。例如，可以按照动作节拍，边数边跳，帮助自己找到节奏，协助手脚的配合；也可以选用一些节奏感较强的音乐，跟随音乐的节拍跳绳，培养全身协调能力。

由于协调性练习要求练习者注意力高度集中，练习者易产生疲劳，所以训练应安排在课的开始部分，训练时间不宜过长，重复次数不宜过多，训练中间应有足够的休息时间。

5. 柔韧素质

柔韧性好，可保证练习者快速、准确、协调、连贯地完成一系列技术动作，表现出较高的运动技术水平，有利于避免伤害事故的发生，保证和延长运动寿命。柔韧性差，会使运动技术动作的幅度受限，影响动作协调用力，导致动作僵硬和不协调，是造成动作技术错误、肌肉韧带拉伤的原因之一。

柔韧素质与从事训练的年龄有十分密切的关系。8～12岁是柔韧素质发展的"敏感期"，抓住这一时机进行训练可以获得事半功倍的效果。柔韧性的练习，按人体解剖部位可以分为腿、腰、肩、膝、髋的大关节和腕、踝小关节，在促进大关节柔韧性、灵活性发展的同时，也要注意发展小关节的柔韧性，使关节的灵活性、肌肉的弹性得到提高。练习时要采用动静结合、上下结合、柔韧性练习与速度力量练习相结合的方式，通过全面的柔韧性练习，使运动员达到柔而不软、韧而不僵的要求。

做柔韧性练习时，要做好充分的准备活动，在做有外力帮助的压、扳等柔韧性练习时，要逐渐加大用力和增加动作幅度，不可猛然用力，以免导致运动损伤。

另外，在花样跳绳训练后一定要进行拉伸肌肉的练习，一方面可维持肌纤维的长度，另一方面有利于更多的血液流动到练习的肌肉中，使肌肉恢复速度加快。

（二）技术训练

花样跳绳技术训练包括跳绳速度训练、单一花样动作训练、组合花样动作训练、整套花样动作训练，根据不同阶段、不同的目的任务，采用不同的训练方法与手段，主要是提高完成花样跳绳动作的质量，不断提高技术水平。

1. 跳绳速度训练

速度类跳绳主要包括个人绳单摇跳速度、双摇跳速度和三摇跳速度，两人一绳同摇同跳速度（两人协同跳）、带人跳速度（两人一带一单摇跳），交互绳速度，长绳绕"8"字速度等。各类跳绳速度都由单一动作组成，首先应将单一动作进行重复练习，采用计数和计时两种方式。计数一般用于技术发展初期，计时一般用于技术发展中期，在技术发展后期可以综合使用计数和计时两种方式。例如，为了提高30秒单摇跳绳的成绩，在训练初期可以先从连续跳跃30次（只数右脚）开始，每次训练可以练习8~10组；在训练中期可以连续跳跃5秒、10秒或15秒，逐渐增加至30秒或超过30秒。为了提高3分钟耐力速度跳绳的成绩，可以练习30秒、60秒、90秒，重复2~3组，逐渐增加至3分钟。

在跳绳速度训练中经常采用音乐训练法，即通过音乐来控制练习者的节奏和练习时间，不同的练习者可以编辑不同的节奏音乐，这种方法可以很好地锻炼练习者跳绳的节奏，随着运动员技术水平的提高，变换音乐的节奏。

2. 单一花样动作训练

单一花样动作的训练是花样跳绳最基本的训练内容，它是学习复杂动作和发展新动作的基础，为掌握各种跳绳花样动作创造条件，在训练中要根据动作要求，严格要求，反复练习。

对单一花样动作的练习可采用重复训练法。重复训练法是花样跳绳训练中，应用最多的训练方法之一。只有重复练习，才能熟中生巧，明晰动作变化，使条件反射得到建立和巩固，有效地发展运动素质，提高训练水平。学习和掌握技术动作时，每次练习重复的内容应当相同，间歇时间要保证机体得到基本恢复，保持神经系统在适度兴奋状态下感知综合运动感觉。在这类训练中，对负荷强度不提出过高的要求，但要严格按照正确的动作规范进行训练，形成正确动作的动力定型。在训练中简单地采用重复训练，单调枯燥，势必影响练习者训练的积极性。同样的训练内容，变换一下训练形式，会使练习者感到新鲜并保持兴奋，从而达到预定目标。例如，前摇跳花样，可采用后摇跳的方式交替练习，或者在移动中练习。每个单一动作重复6~8次为宜，重复过少，负荷量不够，不能提高技术水平；重复过多，易使动作变形，不能形成正确的动力定型。

3. 组合花样动作训练

在不同的跳绳类别中可以将相同类别的花样组合在一起，也可将不同类别的花样组合在一起，形成组合，组合应长短适中，一般有 5~8 个不同花样动作组成。练习者可以分组合练习，这是花样跳绳技术训练中较常用的手段，以掌握和提高动作与动作之间的衔接的技能，提高动作的连贯性。

练习者可以将花样跳绳动作归类，如个人花样中的多摇跳组合，交互绳花样中的力量型组合，车轮跳花样中的挽花类组合等。每一类动作选取一定数量的动作按照一定的顺序编排成一个组合，也可根据需要编排出不同类别的组合，一般这些组合都为难度组合和重点组合。因为这些组合动作复杂，对体能和技术要求较高，在整个花样跳绳编排中起到画龙点睛和形成高潮的作用，为增强完成难度组合和重点组合的能力，一般采用重复训练法、间歇训练法和循环训练法。

重复训练法一般用于训练初期，两次训练之间应保证有足够的休息时间，主要目的是让练习者动作更加熟练，动作规范化和标准化，形成正确的动力定型。

间歇训练法是指对多次练习时的间歇时间作严格规定，使机体处于不完全恢复状态下，反复进行练习的训练方法。由于这种训练方法是在练习者机体未能完全恢复时就进行下一次练习，所以能有效地培养机体忍受乳酸堆积和承担氧债的能力，同时可以有效地提高呼吸和心血管系统的机能。使用间歇训练法时还要注意根据训练任务安排间歇训练的方案，间歇训练法由五个要素组成，即每次练习的数量、负荷强度、重复次数（组）、间歇时间及休息方式。使用间歇训练法也应运用超量恢复的原理，具体做法包括提高每次练习的强度、增加练习的重复次数和调整间歇时间。间歇训练法要求练习者机体在尚未完全恢复时就进行下一次练习，所以运动负荷较大。教练员在间歇时间安排上必须符合练习者承受负荷的能力。对练习者要了解，同时要求练习者主动向教师如实反映自己的身体情况，练习者与教师密切配合，共同提高训练水平。

循环训练法是根据训练的具体任务，将练习设置为若干个练习站，练习者按照既定的顺序和路线，依次完成每站练习任务的训练方法。运动循环训练法可有效地激发练习者的训练情绪，累积负荷"痕迹"，交替刺激不同体位。例如，可以将个人绳、交互绳、车轮跳等不同类别花样跳绳动作编成各种练习程序，这些练习程序可用流水作业的形式，也可用分组轮换的形式进行循环训练。

4. 整套花样跳绳动作训练

整套花样动作，就是把单个动作、组合动作训练中获得的动作规格、速度、节奏的表现技能在成套动作中加以运用，增强高质量完成整套动作的能力。其关键是要处理好整套的节奏和体力的合理分配，使得全套的动作连贯流畅，一气呵成。

在整套训练中仍要注意动作的规范化和成功率。由于成套花样跳绳动作在 50 个花样左右，动作数量多、难度大、耗能高，若整套训练内容过多，会使已掌握的动力定型遭到破坏，影响到整套动作质量，故平时训练中整套训练不宜过多，只是在赛前训练中增加练习，在一堂训练课中一般也控制在 2~4 次，主要以重复训练法为主。训练后的间歇时间，要使练习者的机体得到基本恢复。但练习时一定要按比赛要求，全力以赴地进行整套练习。教师可以用练习者完成整套的时间和心率两个指标及教师目测的结果来评价练习者在整套训练中的动作质量（即使中途出现个别失误也不中止练习）。对完成得不好或者失败的动作，应重做或者再通过组合练习来加以改进和提高。

另外，花样跳绳训练也可采用变换训练法。变换训练法是指变换运动负荷、练习内容、练习形式以及条件，提高练习者积极性、趣味性、适应性及应变能力的训练方法。变换训练法用于技术训练时，主要是改进、提高和巩固技术，如减慢动作速度，加快动作速度，变换绳具练习等，都可以让练习者体会不同的用力感觉，有利于更好地掌握动作细节，提高技术水平。变换练习条件和环境进行训练，如由室内转为室外、白天练习改为晚上练习、组织小型比赛和测验、外出表演等，以培养练习者的适应能力和表演比赛的临场经验。

（三）心理训练

花样跳绳花样动作繁多，团体项目中配合性较强，一根绳子关系到所有跳绳者，极容易失误，因此加强练习者技术练习的同时也要加强心理训练。

心理训练是针对跳绳者的心理现实，有意识、有目的地施加积极影响，形成良好的心理状态，提高心理能力和发展心理品质的过程。从身心统一的观点出发，只有将心理训练与体能训练、技术训练等有机地结合起来，才能全面挖掘练习者的身心潜能。

1. 放松训练

利用语言暗示、意念和想象等方法，有意识、系统地训练肌肉动作逐步达到松弛，减缓呼吸，从而使身体、情绪和心理均处于平静状态。放松训练的具体方法有呼吸放松法、肌肉放松法和想象（表象）放松法。

2. 表象训练

表象训练也称想象训练或念动训练。表象是一种重要的心理能量，它能帮助跳绳者加快熟练技能，加快掌握新技术，改变不良习惯，演练比赛情景，预想行动方案，提高自我观察力，建立自信心等。只有清晰的表象，才能在运动时灵敏感知姿势和肌肉用力状态的变化，及时纠正动作误差，以保证动作的准确性。

3. 集中注意力训练

跳绳者只有注意力集中、分配和转移能力强，才能保证训练的顺利进行以及比赛的成功。集中注意力训练的方法包括利用视觉集中注意力、利用听觉集中注意力和利用呼吸集中注意力。

（四）恢复训练

恢复训练是指为消除训练和比赛后的疲劳所进行的训练。跳绳运动员在训练和比赛后，由于消耗大量能量而产生疲劳，运动能力大大下降。采用各种有效的方法和手段，尽快地消除疲劳，促进能量储备和运动能力的恢复，从而使跳绳者能够更好地完成新的训练和比赛任务，这就是恢复训练的目的。

1. 训练学方法

通过适宜的肌肉活动来控制跳绳者的身体能力。例如，根据身体状况，合理地调整运动量，科学地组织训练与休息，变换训练环境和训练手段，安排好训练前的准备活动和训练后的整理活动等。

2. 心理学方法

利用心理学的方法和手段，使跳绳者迅速降低神经和心理紧张程度，降低心理抑制状况，尽快恢复神经能力，使参加活动的各机能系统的紧张得以缓解和放松，如用自我暗示和听音乐等方法进行放松。

3. 医学/生物学方法

利用医学、生物学方法手段，提高机体承受负荷能力，尽快消除全身疲劳并补充能量储备。例如，通过各种按摩使肌肉高度放松，加快血液循环；通过水疗、红外线疗、蜡疗、电疗、磁疗等方法放松肌肉，加快恢复。

三、体能恢复

现代社会物质生活非常丰富，人们越来越关心自身健康。现在影响健康的主要因素是饮食结构的变化和体力活动的缺乏。体育运动可以解决体力活动不足的问题，又富有趣味性，但是高强度的运动非常容易产生运动性疲劳。运动性疲劳指机体的生理过程不能维持其功能在特定水平或不能维持预定的运动强度，经过适当休息和调整可以恢复的生理现象。运动性疲劳长期积累而不能积极消除，就会发展成过度运动性疲劳。

一般体育爱好者在运动中没有科学合理地安排运动量和运动强度，容易产生运动性疲劳，本书为跳绳爱好者介绍了一些常见的疲劳恢复方法，以期健身者在健身活动中能更轻松地享受运动乐趣和发挥自身的水平。

体能恢复是指为消除运动后疲劳所进行的训练。大强度跳绳后，人体由于消耗能量太多而产生疲劳，出现肌肉酸痛、运动能力下降等现象。此时可以采用科学的方法和手段，尽快消除疲劳、缓解肌肉酸痛、增加能量储备、提升运动能力，从而使跳绳运动者尽快完成体能恢复，投入新的锻炼中。

（一）训练学方法

通过适宜的肌肉活动来调节跳绳者的身体疲劳程度，如根据身体状况，合理地调整运动量，科学地组织训练与休息，变换训练环境和训练手段，安排好训练前的准备活动和训练后的整理活动等。

运动前的准备活动可以提高人体中枢神经系统的兴奋度、增强氧气运输系统的活动、提高机体体温等，进而可以延迟疲劳的出现。适度的准备活动还有助于延迟组织器官功能的生理惰性。运动后的整理放松对于疲劳的消除更重要，运动后不宜马上休息，应以慢跑辅助，并对肌肉、韧带进行拉伸，以加快体内代谢、促进乳酸分解、延缓酸痛，使肌肉的血流量增加，从而有助于消除疲劳。

（二）心理学方法

通过心理学的方法和手段，如积极的自我暗示、听一些舒缓的音乐等，可以使跳绳者迅速降低神经系统的紧张程度及心理抑制状况，各功能系统得以缓解和放松。

（三）生物学方法

按摩推拿是消除疲劳的有效方法，通过机械刺激影响中枢神经系统，促进血液和淋巴循环，使肌肉中毛细血管扩张，加强局部血液供应，改善营养供给，增加肌肉的力量和弹性，防止肌肉萎缩，缓解疲劳时的肌肉僵硬、紧缩和酸胀感。跳绳者运动后身体极度疲劳时要先休息 2~3 小时再进行按摩，按摩的时间以 20~30 分钟为宜。

（四）睡眠

充足的睡眠是消除疲劳最根本和最有效的方法，跳绳者进行高强度训练后必须保证有充足的睡眠时间和良好的睡眠环境。据相关研究表明，当睡眠时间达到 8 小时，人体尿液中的酸碱性趋于平稳，基本恢复至运动前的状态。睡眠时大脑皮质的兴奋性降低，身体代谢处于较低水平，有利于体内能量的蓄积。

（五）温水浴

高强度运动后容易产生较多的乳酸堆积，温水浴能够有效缓解疲劳。热水的温热作用可以改善血液循环、扩张血管、促进全身血液循环，加强新陈代谢、加快肌肉中酸性代谢产物的排除，同时还可以使汗腺的分泌增加，放松肌肉。温水浴前需要补充食物，或在饭后进行温水浴，水温以 38~42℃、时间以 10~20 分钟为宜。

此外，涡流浴、桑拿浴等各类保健浴，对消除疲劳都有一定的积极作用，但必须掌握科学的入浴方法，以适度为宜。

四、科学饮食

许多人在大强度的运动后，经常出现肌肉发胀、关节酸痛、精神疲乏的感觉，为了尽快解除疲劳而暴饮暴食，以为这样可以增加营养，满足身体需要。其实，此时食用过量不但不利于缓解疲劳，还会对身体产生不良影响。只有合理的膳食，才有助于机体的恢复。

（一）根据运动内容进行饮食搭配

运动后的营养能量补充，是弥补运动后疲劳机体流失的维生素、矿物质的最佳途径。经过一定强度的运动后，在饮食方面需补充富有营养和易于消化的食品，并尽量多吃新鲜蔬菜、水果等碱性食物，也可以根据不同性质的运动项目需要进行营养物质的合理搭配，这样有利于不同类型运动后的体能恢复，消除运动疲劳。

进行速度性的项目训练后，应食用含较多易吸收的糖、维生素 B、维生素 C、烟酰胺和蛋白质的食物。进行耐力性的项目训练后，要多供给糖分以增加糖原储备，同时还要增加蛋白质、维生素 B2、维生素 C 和铁；进行力量性的项目训练后，需要增加较多的蛋白质和维生素 B2，为保证神经肌肉的正常功能要补充钾、钠、钙、镁等。在运动后适时地补充相关营养物质，既能提高身体的抗疲劳能力，又能帮助消除运动疲劳。

（二）饮食保持人体内酸碱平衡

在正常情况下，人的体液呈弱碱性，人在运动后，感到肌肉、关节酸胀和精神疲乏，其主要原因是体内的糖类、脂肪、蛋白质大量分解，在分解过程中，产生乳酸、磷酸等酸性物质，这些酸性物质进而刺激人体组织器官。此时如果单纯食用富含酸性物质的肉、蛋、鱼等物质，会使体液更加酸性化，不利于疲劳的解除。判断食物的酸碱性，并非根据人们的味觉，也不是根据食物溶于水中的化学性，而是根据食物进入人体后所生成的最终代谢物的酸碱性而定的。酸性的水果一般都为碱性食物而不是酸性食物，鸡、鱼、肉、蛋、糖、米等食物味道虽然不酸但却是酸性食物。所以，人在运动后，应多吃些富含碱性的食物，如水果、蔬菜、豆制品等，以保持人体内酸碱度的基本平衡，尽快消除运动所带来的疲劳。

（三）跳绳后不要立即饮用大量的水

许多跳绳者运动后，感到口渴，这是由于运动中出汗较多引起的。口渴时，跳绳者立即拿起冷饮一口气喝个痛快，当时感到解渴、舒服，可是这样做对身体是有害的。运动后立即大量喝冷饮，是十分不符合生理卫生的。因为运动中全身血液循环加快，所有器官的温度相对比安静时高，此时若大量饮入冷饮，肠胃遇冷会突然收缩，很容易引起腹痛。

跳绳之后，不要急于饮水。应该稍做整理活动，等到脉搏恢复正常、汗擦干之后，方可饮水。水的温度亦不应过高，一般来说，比体温低 5～10℃最科学，容易被肠道吸收。

中国营养学会在总结西方国家及日本饮食结构经验及教训的基础上，结合我国传统饮食结构模式，确定了我国成人合理的饮食结构指标，具体内容是：要求成人每人每月摄入粮谷类 14kg、薯类 3kg、豆类 1kg、肉类 1.5kg、鱼类 500g、植物油 250g、蛋类 500g、奶 2kg、蔬菜 12kg、水果 3kg。根据这一指标，要求每人每天需要摄入的总热量为 10MJ，方可达到饮食营养健康标准。食物的营养成分各有不同，只有合理搭配才能达到均衡饮食的目的，以满足人体的营养需求，促进身心的健康发展。因此，跳绳者要注重食物的广泛性，尤其是要多食用谷类，以补充能量及蛋白质。

五、跳绳运动常见损伤

（一）胫骨骨膜炎

胫骨骨膜炎是因运动不当而造成的一种局部组织损伤，此症状的发生一般在初学者中，尤其青少年较为常见。在跳绳时，前脚掌落地使小腿肌肉附着点受到反复牵拉，身体重力与地面反作用力的应力集中于胫骨中下 1/3 处内侧缘骨膜处而形成局部骨膜血管扩张、充血、水肿或骨膜下出血，久而久之，骨膜出现血肿、机化、增生等骨膜炎性病变。

胫骨骨膜炎早期无须特殊治疗，用弹力绷带裹扎小腿，改做少用下肢活动的运动项目，减少运动量，注意局部休息，一般 6 周就可康复。经常疼痛或运动后疼痛较重者务必及时送医治疗。

（二）脚踝扭伤

脚踝扭伤之后要分辨伤势的轻重。一般来讲，如果活动脚踝时感到疼痛，但并不剧烈，大多是软组织损伤，可以自己医治。如果自己活动脚踝时有剧痛、不能站立和挪步、疼痛处在骨头上、扭伤时有声响、伤后迅速肿胀等，这些是骨折的表现，应马上到医院诊治。

热敷和冷敷都是物理疗法，作用却截然不同。血遇热而活，遇寒则凝，所以在受伤早期宜冷敷，以减少局部血肿；取坐位或卧位，同时可用枕头、被褥或衣物、背包等把足部垫高，以利静脉回流，从而减轻肿胀和疼痛；立即用冰袋或冷毛巾敷局部，之后可用绷带、三角巾等布料加压包扎踝关节周围。受伤后切忌推拿按摩受伤部位。切忌立即热敷，热敷需在受伤后 24 小时后进行，一般一两周就可康复。症状较严重时最好送入医院治疗。

（三）绳子抽伤

绳子抽伤大多都是由于绳子的长度不合适，跳绳摇绳的方法不正确，或是跳绳时节奏不当、身体不协调等而导致的绊绳或绳子抽中身体引起的抽伤。轻微的抽伤，可隐约看见一条较浅的伤痕，必要时可进行消毒包扎；较重的抽伤须要到医院进行处理，以免留疤痕。

（四）髌骨劳损

髌骨劳损是指髌骨软骨病和髌骨周缘腱止部的慢性损伤的统称，主要是膝关节（尤其半蹲位姿势）长期负担过度或反复的细微损伤积累而形成，由髌骨遭受一次外力撞击或股四头肌猛烈牵扯所致，早期症状是在大量的运动训练后感到膝关节酸软无力，休息后可消失。随着损伤程度的加重，膝部酸软与疼痛逐渐增重，尤其半蹲时更加明显。

要预防髌骨劳损的发生，应加强股四头肌的力量，每次训练后做单足半蹲试验，以及时发现、及时治疗；运动后把汗擦干，注意保暖。若发现此类症状，可进行高位静止半蹲，须注意方法得当；也可以采用理疗、针灸、中药外敷或直流电导入等方法进行应急处理。

（五）心率过快

剧烈运动或体质较弱的人群运动时会产生心率加快的症状。一般情况下，剧烈运动后可能会出现心慌胸闷，从而导致心跳加速。这种状况正常人稍加休息调整即可恢复，有心脏疾病时应立即到医院进行处理，一般也不建议心脏病患者参与剧烈运动。

六、突发状况的原因与预防

（一）练习方法和运动量不当

跳绳者尤其是初学者在跳绳的起跳和落地时，没有控制好身体重心和脚接触地面的部位，在落地时不注意控制好下肢、膝踝、足的协调配合和缓冲速度，使下肢受到较大的反作用力，迫使踝、足屈肌不断强力收缩，局部胫骨负担过重，导致胫骨骨膜过度疲劳。

在体育锻炼中应注意锻炼者的年龄、性别、运动水平和健康状况等特点，合理安排运动量和运动强度，对那些易发生胫骨损伤的动作，要事先做好预防准备。

（二）运动场地过硬且不平整

如果在运动时，训练场地过硬（水泥地、大理石地面等），就会使小腿屈伸肌肉反射性收缩加强，紧张性控制能力降低。如果这种状态持续的时间过长，最终将导致胫骨慢性劳损。

在体育运动时，应注意场地对锻炼者身体状况的影响，在水泥地或者较硬的场地，很容易造成锻炼者股四头肌的酸痛和膝关节的损伤，应选择较软的场地进行锻炼，这样在锻炼的过程中有助于落地的缓冲，以减少落地冲力对肌肉和关节的影响，防止受伤；也要注意鞋子、衣服等装备，以免在锻炼途中影响训练而受伤，特别是损伤踝关节，应选择适合运动的鞋子和宽松有弹性的衣服裤子。

（三）准备活动不充分

跳绳前如果准备活动不足，外界气温又过低，易使小腿部肌肉、韧带黏滞性加大、伸展性降低，从而不同程度地影响小腿部肌肉的收缩速度。此时若小腿在运动中主动或被动收缩，特别是在完成爆发性动作时，可使肌肉与骨骼内的摩擦加大，从而引起骨膜损伤。

准备活动要有针对性，与动作紧密联系，对运动中负担较重和易伤部位，特别是小腿部要有专门性的准备活动，可进行主动或被动的伸展练习，使受力部位得到充分的活动。

（四）医务监督缺乏

锻炼者需定期进行体格检查，禁止带伤病参加运动。伤病初愈者要根据医生和体育专家的意见进行活动，注意自己的主观感觉（疲劳感、下肢和足部酸痛感），特别注意小腿前部胫骨表面和骨板的疼痛反应，当有不良感觉时，须及时调整下肢负荷量，减少运动。

体育锻炼应严格遵守训练原则，采取综合性的预防和保护措施，尽量避免或减少运动中出现的伤害事故。

第二节　花样跳绳的高校教学

世界各国学校无一不把本土民族的优秀体育活动项目作为学校体育教学的重要内容加以继承和弘扬，我国学校体育教学的内容大多数是引进吸收国外的项目，而我国民族的传统体育内容所占的比重较少。我国是文明古国，有着悠久的文化历史传统，许多优秀的民族传统体育活动既有利于人们的身心健康发展，又简便易行，尤其受到青少年的喜爱。但是，这些民族体育活动很多是通过学生与学生、家长与孩子间的"口传身授、身教言传"，缺少系统的文字记载与资料，更缺乏研究。为继承与弘扬我国优秀的传统体育文化，我们有责任对其进行收集、研究与整理，并做好相关的教学著作。

花样跳绳能繁能简，教学资源十分丰富，在选择教学内容时，不能完全照搬，要注意选择符合学生认知规律的内容，进行加工和改造，增加对身体素质及心理素质发展都有促进作用的内容。正确理解和贯彻教学原则，同时要特别注意教学步骤和教学方法的运用，对完成教学任务、提高教学质量有着极其重要的意义。

一、花样跳绳的教学原则

教学原则是在长期的教学实践中积累的具有普遍意义的经验概括和总结，是教学过程中的客观规律性的反映，也是教师在教学过程中必须遵循的基本规律。正确理解和贯彻教学原则，对推动花样跳绳运动教学的顺利进行，合理运用科学的教学方法与手段完成教学任务、提高教学质量有着极其重要的意义。

（一）快乐学习原则

成功是最大的快乐，教师要经常给学生以肯定、表扬和赞赏。让学生体验到成功的快乐，在追求成功中享受学习、享受快乐。为了完成预期的教学目的和任务，需要发挥教师的主导作用，更要调动学生的自觉积极性。绳子属于软器械，不易控制，花样跳绳动作复杂，团队配合性强，需要大家齐心协力才能完成。"兴趣是最好的老师"，因此，如何调动学生的自觉积极性并让学生在快乐中学习就显得非常重要。

教师应以鼓励为主，当学生达到一定的教学要求时，要及时肯定其成绩，使他们感到自己总是在进步，有学习信心，有努力方向和目标，从而不断进取，更加自觉积极地学习。跳绳中花样繁多，任何一个基本动作都可以通过动作叠加（如后摇或侧打或胯下或多摇或转身等）而转变为其他花样，教师要注意学生任何微小的进步，及时肯定学生的创意（如学生对基本动作的改编），给他们以信心和鼓励，不断引导和培养学生对跳绳运动的兴趣和爱好，激发学生学习动机，积极思考、刻苦学习。

（二）直观性原则

花样跳绳技术动作是由摇绳的方向、摇绳的圈数、手臂的变化、脚步的变化及身体姿势的变化等动作要素组成，千变万化，丰富多彩。在教学中仅用语言是很难使学生建立完整动作概念和正确理解技术的，因此必须采用多种方法让学生容易理解与学习，同时要力求简洁直观、生动形象，注重形象思维，启发学生感知。在花样跳绳教学过程，教师尽可能地调动学生各种感官去感知动作，以形象思维方式建立动作的概念。花样跳绳中的大多数动作名称都是象形取意，如滑雪跳、敬礼跳、肯肯跳等，教师可以先让学生想象滑雪、敬礼、肯肯舞的动作，然后根据想象去模拟。

在花样跳绳教学过程中多采用直观性教学方法，如示范、图解、模型、录像等。示范是最生动直观的方法，它可以使学生在视觉上更直观地感觉到动作的全部过程及动作之间的结构与联系。教师根据需要既可以做完整动作示范，也可以做分解动作示范；可以做镜面示范，也可以做背面示范；可以先示范后讲解，也可以边示范边讲解。注意示范位置与方向的调整，要让所有学员尽量看到动作全过程，示范时要自信从容，力求规范优美，切记一定要避免失误。

在教学进行到一定程度时，也可以由掌握技术动作较好的同学做示范。

示范是任何体育项目教学中最直观的教学方法，但是示范动作是短暂的，因此图解、模型、录像教学方法起到重要作用，教师可以采用多种直观方法综合教学，以加深动作理解，从而大大加快学生掌握动作的进程。

（三）循序渐进原则

花样跳绳有其自身的系统性，在教学安排中，应根据人体动作技能的形成规律正确安排教学内容、进度、方式和运动负荷等，要做到逐步深化，由简入繁，由浅入深，由少到多，循序渐进，使学生全面学习，获得系统的知识。在教学中，如果运动负荷过小，机体得不到应有的刺激，起不到"超量恢复"的效果，技术水平提高缓慢；反之，负荷过大会引起过度疲劳，易引发运动损伤。

因此，必须合理安排运动负荷，在保证动作质量的情况下，正确控制运动负荷和运动强度。如高难度动作运动强度较大，运动次数可以减少；低难度基本动作运动强度较低，可以相应增多运动次数，练习绳感及增加体能储备。教师可以通过观察学生的脸色、呼吸频率、动作控制能力、注意力集中程度等评定运动负荷。

（四）从实际出发原则

从实际出发是指依据客观条件和教学对象的实际情况指导教学工作，恰当适时地安排教学。教师要按学生的年龄、性别、身体素质、接受能力等有的放矢、因材施教地进行教学。对接受能力强、进步快的学生可提高要求，充分挖掘其潜质；对个别体质较弱或有伤病的学生可提出切合实际的要求，进行个别辅导，积极鼓励，使其跟上教学进度。同时，还要考虑场地、绳具、学生人数、天气等，合理安排每一次课的内容。

（五）巩固提高原则

任何一项技术和技能的掌握、巩固和提高，都是大脑皮层动力定型的结果。如果在教学中对掌握的知识、技术和技能以及提高了的身体素质不及时复习巩固，所学知识就会遗忘，动力定型就会消退，身体素质水平也会下降。要有足够的练习时间和次数保证，使学生建立正确的肌肉感觉，做到"温故而知新"。运用巩固提高原则应注意，所练习的每个动作都必须反复强调动作的规范性和标准性。只有在规范的、标准的动作前提下反复练习，才能形成正确的动力定型，从而真正提高动作质量。此外，要合理运用技术迁移，适当提高动作趣味性和难度。例如，前摇完成的花样可以后摇完成；原地完成的花样可以在移动中完成；慢速完成的动作可以快速完成，以达到动作"融会贯通，灵活运用"的目标。

教学过程中可将所学的各种跳绳花样编排成组合动作或成套动作反复练习，还可以通过表演、教学比赛等形式，进一步巩固和提高所学动作技术、技能。

（六）互动配合原则

花样跳绳中大部分动作需要摇绳者与跳绳者的配合，有时甚至是多个摇绳者与多个跳绳者的配合，若其中有一人失误就会导致整套动作失败，因此要想成功完成动作，所有跳绳者之间必须要相互配合，团结协作。在花样跳绳教学中，不仅老师与学生之间要保持良好的沟通，学生与学生之间也要保持良好的沟通，课内课外要及时交流经验，注重配合。

二、花样跳绳的教学阶段

动作技能的形成大致经历三个阶段，即初步建立动作概念阶段、改进提高动作质量阶段和巩固提高动作技能阶段。相应的，根据花样跳绳动作的特征、动作结构及技术要素，可将教学过程分为入门阶段、巩固阶段和提高阶段。

（一）入门阶段

这一阶段的生理学特征是大脑皮层兴奋与抑制过程相互转化的灵活性差，处于泛化时期，练习动作时，肌肉各部分用力不协调，易出现多余动作和错误动作，易疲劳。在此阶段，教师的任务是让学生初步了解动作的技术、取得感性认识，初步形成动作概念，并能粗略地掌握动作。教师应采取直观教学方法，让学生多看动作示范及视频，建立正确动作概念，多加强基本功练习，培养绳感，减少不必要的紧张用力和多余的动作。适当进行无绳模拟练习、跳空绳练习、分解动作练习，保证教学顺利进行。

（二）巩固阶段

这一阶段的生理学特征是大脑皮层兴奋与抑制过程，灵活性、协调性明显提高。练习动作时，多余动作和错误动作逐渐消失，学生能独立而正确地完成动作，但还没有形成动力定型及动作自动化，受到不良刺激时，动作易变形失误。在此阶段，教师的主要任务是强化细节，规范动作，让学生形成正确的动力定型。可采取正误对比及精讲多练等教学方法。同时还要注意调整运动负荷，加强学生身体素质训练，以适应技术发展的需要。

（三）提高阶段

这一阶段的生理学特征是大脑皮层兴奋过程高度集中，内抑制能力强，兴奋和抑制过程的转换高度灵敏和协调。在此阶段，教师的主要任务是从难、从严要求，让学生掌握每个动作细节，轻松自如地完成动作，各肌肉群协同发力，形成动作自动化和肌能节省化。可采取多个动作组合、在移动中完成、跟随音乐完成、施加外界刺激等多种形式的练习方法。

总之，花样跳绳教学是一个动态过程，三个阶段划分是相对而言的，并没有明显界限。在教学实践中要因材施教，各阶段教学方法的选择、设计和运用要因人、因地而异，采取有效措施，让学生精益求精，形成动作自动化并挑战更高难度的动作。

三、花样跳绳的教学方法

花样跳绳教学方法是指教师对学生传授有关花样跳绳的文化、技术、技能的途径和手段。通过这种途径和手段使学生从不知到知、从不懂到懂、从不会到会。教学方法和手段是多种多样的，需要教师根据实际情况选择合适的教学方法。一般教师可采取如下教学方法。

（一）语言法

语言法是在教学课中运用各种形式的语言指导学生学习，达到教学要求的方法。语言法作用于学生的听觉器官，使学生进一步理解动作并获得如何进行练习的信息，启发学生积极思维、想象和联想。语言法包括讲解、提示、评价等。

讲解是语言教学法的最主要和最普遍的手段，主要是教师向学生解说动作的要领和原理，使学生掌握技术和技能。教师讲解要简明扼要，具有启发性，同时还要注意时机与效果。

提示是指教师在学生练习的过程中，教师用简短的语言或专业术语来强化正确的动作要领及注意事项。如练习中提示学生"手交叉""腿到位""转体"等，提示要及时，声音要洪亮。

评价是指教师对学生提出完成动作的质量程度的口头评定，如"好""漂亮""不够连贯"等。恰到好处的评定可以使学生清楚动作的正误，评定语言应干脆利落，以鼓励为主，在肯定成绩和进步的前提下指出缺点和不足，切忌使用过于夸张或有损学生自尊心的语言。

（二）直观法

直观法是通过具体动作的示范、图解、视频等将动作过程展示出来，作用于人的视觉器官而引起感知的教学方法。花样跳绳教学的直观法包括动作示范、教具演示、视频模拟等方法。

动作示范是教师以自身完成的动作为范例来指导学生进行学习的方法。它可使学生了解所学动作的整体过程，优美轻松的动作示范还能激发学生学习的兴趣。示范动作要有利于学生观察，要注意选择适合的示范面、示范速度，示范要与讲解相结合。示范时可以分解示范、完整示范、正误对比示范和领做。对多摇跳胯下花样、放绳花样、侧打地花样等复杂花样可以采用挂图、照片、模型等教具演示，使学生了解动作过程；也可采用视听结合、感染力强的视频教学，增加学生学习兴趣。

（三）完整法与分解法

完整法是从动作开始到结束，不分部分和段落，完整和连续地进行教学的方法。其优点是有助于保持技术动作的完整性和自然性，易形成技术的整体概念和动作间的练习，一般在技术较为简单而不宜分解的项目教学中采用，如直摇跳、滑雪跳、钟摆跳等简单单摇类花样动作。

分解法是指将完整技术动作按其结构分为几个部分，逐步掌握各部分技术动作后将它们连贯起来，最后完整地掌握运动技术的方法。其优点是降低难度，加快进程。同时还可以将复杂的技术简单化，提高学生的自信心。如胯下动作，可以先将其分解为手臂动作与腿部动作，然后手臂与腿部动作结合，完成整个胯下动作，如交互绳技巧动作，可以先在绳外分解练习，再到绳中尝试练习。

在实际教学中，应综合运用完整教学法和分解教学法，根据学生学习的实际情况灵活地运用。

（四）游戏与比赛法

游戏与比赛法是指教师组织学生在一定的气氛下充分发挥学生个人或小组的积极主动性，大胆运用已学过的花样跳绳技术与技能进行创编，领会动作进行表演或比赛的方法。这种方法既能有效地发挥学生的身体素质和心理素质，同时也有利于培养学生勇敢、顽强、机智、果敢、独自创造以及与他人密切配合完成任务的能力和团结协作的精神。这种方法一般安排在课程的后期，是在学生学习完了新的教学内容后，为巩固提高教学质量而采取的教学手段，如个人速度类比赛、单个技术动作连续性（如连续快扯花）比赛、小组整套表演动作的比赛等。

第四章 运动世界之技巧花样跳绳

跳绳创造了一个奇妙的世界，它是与一根绳玩出的创意，是一个人用身体玩出的"魔术"，吸引着人们的目光。跳绳可以在身体的单侧运动，也可以在身体的前后、左右运动；跳绳可以成为个人的运动，也可以有创意地让所有的人都参与其中。本章将就花样跳绳的技巧从初级、中级和高级三方面展开阐述。

第一节 花样跳绳的初级技巧

一、跳绳初体验

在绳舞飞扬中，技能的多样性和健全的人格是必不可少的，不同的人会跳出不同的动作，因而跳绳也千姿百态。在不断地锻炼自我、完善自我和超越自我的跳绳中能培养顽强的意志，跳绳奇妙的世界，因你而不同！

（一）熟悉跳绳运动

熟悉跳绳要从认识绳和绳的运动轨迹出发。绳是一种软器械，运动起来可以变成"硬"道具，创造固定的、特定的运动空间。绳可以变形，比"硬"器械更有型，可以制造可大可小、可高可低、可有可无、可快可慢的运动空间。正是绳的多变性，给跳绳运动带来如此多彩的花样。跳绳创造了人与绳共舞的空间，创造了人与人共舞的节奏，创造了人与人协调共跳的想象空间。体操、舞蹈、武术、杂技等其他表演艺术踏着跳绳的节拍也融合进来，使跳绳成为一种综合的艺术。无论单一的速度跳绳，还是综合的花样跳绳表演，都因为其能动和多变让人们轻易地就认识了跳绳，轻轻松松就能参与进来。

（二）难忘的成长记录表

坚持成为习惯，持久造就奇迹，每个初学者在刚接触花样跳绳时往往都会热血沸腾，然而跳绳同其他运动一样，需要体力的消耗和坚强的意志力。小小的成长记录表，能让学生在简单的记录中学会自我激励和有条理的自主学习，让兴趣保持下去，直到成为一种习惯。通过看记录表，学生有了努力的方向，"老师我能跳 20 个了，现在我该练习跳 30 个了。"每完成一个目标，在记录表上就会得到一颗红星或相应的小奖品。通过一段时间的练习，学生知道了只要朝着目标坚持不懈地努力就会取得成功。记录表引导着学生自主而快乐地学习。

记录表可以成为教师了解学生的窗口，打开这扇窗让我们清晰地看到每一个学生的发展。"周星星真棒，今天他会两个新的花样跳，他基本上已经入门了。""张路润今天想出了新花样，是今天我们班上的小达人。""陈晨和同伴合作最有耐心了，可真是跳绳小专家啊。"根据学生的不同情况，教师采用有效的方法有针对性地进行评价、引导，多使用激励性的语言，这样既发挥了教师的导向作用，也促进了学生的发展，让每个学生都体验到成功的快乐，此外也能让老师准确地了解每一个学生的学习状况，适时调整教学进度和方案。

记录表可以成为家校互动、沟通的纽带。家长是重要的教育资源，也是学生在家庭教育中的重要引导者。发挥家长的积极作用，可以让家长根据记录表了解自己孩子的学习情况，看到自己孩子的进步，也起到督导作用，帮助孩子树立良好的运动习惯。

（三）跳过绳的秘诀

绳虽是软器械，但不同的用力方向和用力大小都会给绳形成相对可控的节奏和速度。只要掌握了绳的运动规律，踏准绳的节奏，就可以轻松地跳过绳。一般的跳绳都会形成一个上下、前后或左右的运动空间，绳朝着固定的方向运动。一般情况下，绳子需要运动 360°，即一整圈。当绳子从眼前离开，打地到空中，再到打地有一整圈的时间可以进行各种活动，而跳过绳的秘诀就是要把握绳子打地过脚的那一时刻。也正是绳子有一整圈的时间，绳子的运动空间可分为上半空和下半空。当绳子在身体上空时，脚下可以做其他动作；而绳子打地即处于下半空时，手可以做各种动作。花样跳绳的花样一般把握两个时机：一是利用绳子上升时手、绳、脚的各种变化产生多变的花样动作；二是利用绳子下降时手、绳、脚的各种变化产生多变的花样动作。绳子是软道具，利用绳的运动惯性，这些瞬间变化的动作就会产生神奇的视觉效果。进出绳也同样要遵循绳运动的规律。

（四）万一出错怎么办

绳子是软道具，既是玩具，也会成为伤人的"凶器"。当跳绳出错时，最简单的办法就是停下来，重新开始。

一旦出现失误，又接着继续，不但不能成功，还会把自己绕住，或绊倒，甚至抽打到自己。例如，在集体绕"8"跳绳时，一个人出错，后面人接着冲进来也无法继续，摇绳者试图弥补也无济于事。所以，在跳绳中出错时，无论跳绳者还是摇绳者，都必须停下来，重新开始，以免造成的伤害。

二、个人基本花样练习

预备动作：并脚站立，两膝关节并拢，两脚踝稍错开；两手握绳柄，将绳置于身后，绳的中央位于脚踝处；两上臂贴紧身体两侧，前臂自然弯曲，前臂与上臂形成约120°夹角。

基本摇绳方法：两手握绳，两臂自然屈肘，以肘关节为轴，两前臂和手腕协调用力，由后向前摇动绳子。熟练后可仅用手腕用力。

基本握绳方法：大拇指与食指捏住绳柄前端，其余三指并拢后贴住绳柄（图4-1）。

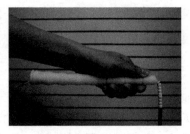

图4-1　基本握绳姿势

（一）基本跳

1. 动作方法

两手握住绳子两端绳柄，绳置于身后，由前向后摇动绳子，当绳子摇至脚前瞬间，并脚跳过绳子（图4-2）。

图 4-2　跳绳基本动作

2. 动作要领

（1）脚：并脚站立，两脚前后稍错开，易于掌握平衡；前脚掌压地后自然弹起。

（2）腿部：膝关节微屈，缓冲落地后的反冲力，保护脚踝和大脑，同时尽量避免前踢腿或后撩腿动作。

（3）上体：上体自然放松，挺直但不僵硬。

（4）手臂：两大臂夹紧，肘关节贴在两侧肋部，两小臂自然下垂至两髋处，手心相对或向下，摇绳时用手腕协同前臂发力。

（5）呼吸：均匀自然，有节奏。

（6）双眼：直视前方约 3m 处。

3. 重点与难点

双手摇绳的节奏要与脚起跳的节奏吻合；两手臂张开幅度不宜过大。

4. 易犯错误及纠正方法

（1）前踢腿：跳起后，两腿不自觉地前踢，落地时易用后脚跟着地，使地面的冲击力直接传至大脑，跳久了会对大脑造成一定的损伤。纠正方法：上体保持直立，起跳时踝关节发力，跳起过程中两腿伸直，不要撅臀，落地时前脚掌着地，膝关节微屈，缓冲压力。

（2）后踢腿：跳起后，身体后仰，两腿不自觉地后踢。纠正方法：同前踢腿。

（3）手臂张开幅度过大：跳跃过程中，两手臂向两侧张开（图4-3），且前后摆动幅度过大。纠正方法：强化摇绳动作练习，肘关节贴于肋部。可采用腋下夹纸片，跳跃过程中纸片不准掉落的方法练习。

图4-3　手臂张开幅度过大

5. 教法提示

（1）模仿跳：原地徒手模仿整个动作过程。

（2）跳空绳：单手（或两手）握一根短绳，由后向前摇动绳子，当绳子打地的瞬间自然跳起（图4-4）。

图4-4　跳空绳

（3）单个动作练习：每次只跳一次就停下来，复位后再重新开始。

（4）连续动作练习：初学者可以连续跳跃，10～20 次为一组，间歇练习。

注意事项：双脚跳起落地时，一定要用前脚掌着地，压地后自然弹起。切勿用脚后跟着地，避免地面冲击力对大脑的振荡影响。

6. 自我评价（表4-1）

表4-1　连续单摇基本跳绳评价表（无失误）

标准	合格	一般	良好	优秀
次数	50	100	150	200

（二）开合跳

1. 动作方法

在基本摇绳姿势的前提下，绳子过脚的同时，两脚在空中左右分开落地，下一跳时双脚再合并落地，开合连续交替跳动即为开合跳（图4-5）。

图4-5　开合跳

2. 动作要领

（1）手臂保持基本摇绳姿势，控制住步法节奏。

（2）脚步左右打开时与肩同宽；合并时两脚并拢。

（3）由合到开时绳子先过脚再打开；由开到合时先合并两脚再过绳。

（三）前交叉跳（基本交叉单摇跳）

1. 动作方法

两手握住绳子两端绳柄，绳置于身后，当绳子摇至头前上方，绳子由前向后摇动时，两手交叉于腹前，双脚或单脚跳过绳子，绳通过脚下后立即打开，做一个直摇动作，直摇与交叉间隔练习（图4-6）。

图4-6 前交叉跳

2. 动作要领

（1）两个"贴"：两小臂体前交叉，两手腕交叉贴紧，相互依托；两手腕贴紧下腹部。

（2）不要抬高手臂或往前伸。

（3）交叉时切忌直接交叉，手腕应主动向下、向里画弧，然后再向上、向外画弧分开。

（4）抓住手柄外端。

3．重点和难点

交叉时两手臂往上提，绳不能过脚。

4．易犯错误及纠正方法

（1）两手腕交叉时远离身体。纠正方法：牢记两个"贴"：手腕贴手腕，手腕贴腹部。

（2）两手腕直接交叉，没有主动向下、向里画弧。纠正方法：手腕交叉后先往下旋转手腕。

5．教法提示

（1）模拟练习：两手腕交叉后连续做模拟摇绳动作，练习手腕交叉后的控绳能力。

（2）直摇一次，交叉一次间隔练习，体会交叉时向下、向里画弧的动作。

（3）固定交叉练习，体会两手腕相互依托，同时发力的感觉（图4-7）。

图4-7 固定交叉练习

（四）后交叉跳

1. 动作方法

以前摇为例：两手握住绳子两端绳柄，绳置于身后，当绳子摇至脚下方，绳子正由前向后摇动时，两手交叉于背后腰部，双脚或单脚跳过绳子，绳通过脚下后立即打开（图4-8）。

图4-8　后交叉跳

2. 动作要领

（1）两小臂体后交叉，两手腕交叉贴紧，相互依托。从前面应可以看见跳绳手柄。

（2）注意时机，当绳子过脚后即可交叉，当两脚跳出绳子后再打开绳子成直摇。

（3）交叉时切忌手柄向上，手腕主动向下、向外画弧。

（4）抓住手柄外端。

3. 重点和难点

交叉时两手臂尽量外伸，保持手柄在腰间水平位置，加强手腕动作幅度。

三、速度练习

（一）速度跳

1．动作方法

在基本摇绳姿势的前提下，两脚做依次交替抬起、落地的踏步动作（图4-9）。理论上，踏步跳是单摇类跳绳中速度最快的一种跳法，因此世界跳绳比赛规则中规定30秒速度单摇跳、3分钟耐力单摇跳等单摇跳速度比赛中必须使用踏步跳。

图4-9　速度跳

2. 动作要领

在手臂和上体保持基本跳绳动作的前提下，身体重心放在两脚之间，一般稍低，保持稳定；腿部直起直落，不可有后踢或前伸等多余动作。

3. 重点与难点

腿部动作直抬直落，无多余动作；手臂和上体保持基本跳绳姿势。

4. 易犯错误及纠正方法

（1）后踢腿：身体易前倾，小腿折腿后踢，大腿后部肌群发力。

（2）"扒地"：腿部动作幅度过大，像蹬自行车一样，小腿折叠大腿后前伸，落地时有"扒地"动作。

纠正方法：首先不拿绳，做高抬腿动作，体会腿部发力点，尽量用髂腰肌和大腿前部肌群发力；然后适当降低抬腿高度，增加踏步频率练习；待腿部动作固定后，可拿绳练习。

5. 教法提示

模拟跳：绳外高抬腿——绳外踏步跳——拿绳练习。

6. 自我评价

自我评价的规定见表4-2。

表4-2　30秒单摇速度跳绳评价表（双脚个数）

标准	合格	一般	良好	优秀
次数	60	80	90	100

（二）两弹一跳

1. 动作方法

人在地上弹动两次，但绳子过脚一次。

2. 动作要领

双脚以相同节奏跳跃两次，绳子只过脚一次。起绳后第一次跳跃绳子需过脚，双手控制绳子的速度，第二次弹动时，绳子要在头顶上空。

3．重点与难点

两弹一跳是速度较慢的一种跳法，双脚齐跳，有弹回动作。初学者可以在心里数着"1、2……1、2"，跳起的高度要使绳子能从脚底通过，弹回的动作就不必太费力。"1、2……1、2"等于一重一轻，一重一轻。用力跳的时候，绳子就从脚下通过；轻跳的时候，绳子正好在头顶上。只要遵循这个规律，多跳几下便能驾轻就熟了。

4．教法提示

（1）不用绳子，数着节拍原地练习，边跳边想着哪个拍子必须过绳子。

（2）双手摇绳速度会随着脚步动作而不能真正将速度降低一半，慢慢地就变成一弹一跳的节奏了。这时可以数着拍子练习。每数1、3、5、7时绳子才能过脚，但是脚步动作是每拍一动，按照1个8拍进行练习。

（3）数着节拍连续练习，能连续跳跃4个8拍且不失误就基本掌握了技术动作。

5．自我评价

自我评价的规定见表4-3。

表4-3　30秒两弹一跳评价表

标准	合格	一般	良好	优秀
次数	30	40	45	50

（三）双直摇

1．动作名称

双直摇，俗称双摇、双飞、直双摇，英文名为 Double Under。动作方法以前摇为例：两手握住绳子两端绳柄，绳置于身后，起绳后，当绳子摇过头顶，绳子正由前向后摇动时跳起一次，绳跃过头顶通过脚下两次，等于绳子绕身体两周（720°），两周都为直摇（图4-10）。

图 4-10 双直摇

2. 动作要领

（1）脚：两脚前后站立，掌握平衡；前脚掌压地后自然弹起。

（2）腿部：膝盖微屈，避免前踢腿或后撩腿动作，缓冲压力，保护脚踝和大脑。

（3）上体：上身自然放松，挺直但不僵硬。

（4）手臂：两大臂夹紧，肘关节贴在两侧肋部，两小臂自然下垂至两髋处，手心相对或向下，手腕发力。

（5）呼吸：均匀自然，有节奏。

（6）双眼直视前方 5m 处。

3. 重点与难点

双直摇对力量要求较高，特别是前臂与手腕。摇绳的时候要求快速，幅度不要太大，特别是起跳与摇绳的节奏要掌握好。

4. 自我评价

不限时进行连续双摇跳，直至失败，看看能跳多少次。将自己一次连续双摇跳的次数填在评价表内（表 4-4）。

表 4-4　连续双摇跳评价表（无失误）

标准	努力	加油	不错	好	很好	棒
次数	6	15	30	50	80	100

（四）交叉双摇跳

1. 动作方法

以前摇为例：两手握住绳子两端绳柄，绳置于身后，起绳后，当绳摇过头顶，绳子正由前向后摇动时，跳起一次，绳子过脚两周，第一周交叉过脚，第二周也交叉过脚（图 4-11）。交叉双摇跳是在双摇跳的基础上有所变化，由两个动作组成，要求跳绳者动作速度变化更加快。

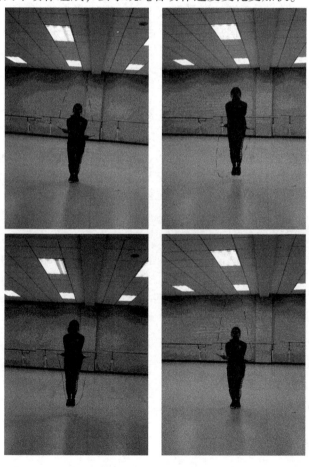

图 4-11　交叉双摇跳

2. 动作要领

（1）一起跳就要加快手臂动作，第一周直摇过头时开始交花，后面保持手腕挽花动作。

（2）起跳后，可尝试尽力提膝收腿。

（3）手腕交叉幅度不要太大，交叉宽度稍微超出髋关节，能顺利过绳即可。

（五）开合交叉双摇跳

1. 动作方法

以前摇为例：两手握住绳子两端绳柄，绳置于身后，起绳后，当绳子摇过头顶，绳子正由前向后摇动时，跳起一次，绳子过脚两周，第一周直摇过脚，第二周前交叉过脚。

2. 动作要领

（1）一起跳就要加快手臂动作，第一周直摇过后尽量加速，为后面挽花节省时间。

（2）起跳后可尝试尽力提膝收腿，手部要求保持挽花动作。

（3）手腕交叉幅度不要太大，交叉宽度稍微超出髋关节，能顺利过绳即可。

3. 重点与难点

起跳加速，手臂动作与脚起跳的节奏吻合；两手臂张开幅度容易过大。

4. 易犯错误及纠正方法

（1）起跳后手臂动作太慢。纠正方法：起跳后加速摇绳，两手腕相互贴紧，内侧手臂贴紧身体。

（2）第二周挽花时容易绊脚。纠正方法：挽花时手腕主动向下、向里画弧；手腕交叉后往下旋转手腕。

四、停绳练习

停绳是跳绳动作结束或改变跳绳方向时的常见动作。

（一）脚下停绳

动作方法：跳绳动作结束后，两臂外展，绳子继续前摇至脚下，单腿前点，脚跟着地挂住绳子（图4-12）。

图 4-12　脚下停绳

（二）胸前停绳

动作方法：跳绳动作结束后，两臂外展，用大臂摇绳，减慢绳子速度，使绳子慢慢落到体前（图4-13）。

图 4-13　胸前停绳

图 4-13　胸前停绳（续）

五、控绳练习

跳绳的花样都是玩出来的。当你的动作路线固定时，跳绳运动的轨迹基本上也是固定的，就有规律可循。训练"听话"的跳绳就要和跳绳做游戏，探寻各种玩法，寻找控制绳子的规律。下面的抛接绳就是世界跳绳比赛中比较流行的一类难度低、风险性高、得分高的花样。源于艺术体操中的抛接绳动作，具有较高的观赏性，表演效果非常好。抛接绳花样大大丰富了跳绳技术，让人们从原来传统跳绳的闭塞空间中跳出来，为跳绳成为一个成熟、独立的运动项目创造条件，这也是跳绳在技术上的一大飞跃。

（一）体前抛接绳

1. 动作方法

（以右手握绳为例）右手握一绳柄，另一绳柄放于体前的地面，绳体拉直；右手上提，带动另一手柄，使绳柄运行至体前空中，左手接住空中运行的绳柄（图4-14）。接绳后可以连接前摇跳或后摇跳。

图 4-14　体前抛接绳

其他抛绳方式介绍：

（1）前摇跳抛绳：当绳子由上向前运行时，一只手放开绳柄，将其抛至体前。

（2）后摇跳抛绳：当绳子通过脚下后时，一只手放开绳柄，将其抛至体前。

2. 动作要领

抛绳时要顺着绳子运动的趋势，掌握好力度，抛绳距离刚好可以拉直绳体；接绳时用前臂带动手腕发力抖动，尽量让空中绳柄运行至眼睛前方20~30cm 处接绳。

（二）体后抛接绳

1. 动作方法

基本体后抛接绳：手握一端绳柄，将另一绳柄置于体后，手臂向前摆动，将地上的绳柄抛至空中；另一手接住在空中运行的绳柄（图4-15）。其抛绳与接绳后的跳绳方法可参照体前抛接绳。

图4-15　体后抛接绳

2. 动作要领

手臂根据绳子运行轨迹旋转发力，用力要自然流畅。

（三）蛇形抛接绳

1. 动作方法

（以右手持绳，左手抛绳为例）准备姿势：两手各握一绳柄，跳绳置于体前；起式时，绳子的轨迹如同后摇跳的起势，即两手同时向头后方摇绳，但主要是右手发力带动绳子并控制绳的轨迹，左手适时放开手柄，并于跳绳回归体前时抓到原来丢掉的左手手柄。具体做法：右手持手柄带动绳子经头部向后再摆动至体前，左手内旋于背后放绳柄；右手于体前逆时针旋转手腕，带动绳子做逆时针蛇形旋转，并在跳绳轨迹稳定后适时上提手腕；左手于体侧接住绳柄（图4-16）。

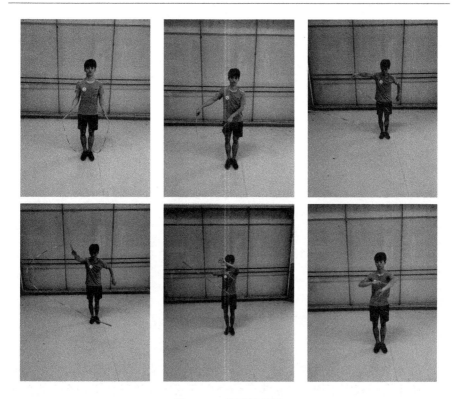

图 4-16 蛇形抛接绳

2. 动作要领

放开绳柄时不可太用力，持绳手臂根据绳子运行轨迹旋转，用力要顺畅自然。

六、协作练习

（一）带人跳

1. 动作方法

带人者持绳，两人协调配合，绳子同时过两人身体即为完成一个动作（图 4-17）。两人可面对面站立，也可同向站立，跳绳者可位于带跳者体前或体后。可同跳单摇跳或双摇跳。

图 4-17　带人跳

2. 动作要领

节奏一致，相互配合。

3. 自我评价

你和伙伴跳得怎么样？将自己跳的次数写下来，用红笔给自己打个分吧！你也可以根据下面的评价表，结合自己的实际情况拟定一个适宜的评价标准。可按连续跳绳次数，也可按规定时间内的跳绳次数制定标准（表 4-5、表 4-6）。

表 4-5　带人跳连续跳绳评价表（无失误）

标准	合格	较好	优良	优秀
次数	50	100	150	200

表 4-6　1 分钟带人跳绳评价表

标准	合格	一般	良好	优秀
次数	80	120	150	200

（二）两人协同单摇跳

1. 动作名称

两人协同单摇跳，又名并排跳。

2. 动作方法

两人并排站立（同向或异向），各握一绳柄，同时摇动绳子绕体一周，跳跃过绳（图 4-18）。

图 4-18　两人协同单摇跳

3. 动作要领

两人节奏一致，相互配合。可从同向并排两弹一摇并脚跳开始练，过渡至一弹一摇并脚跳、踏步跳，熟练后可练习并排双摇跳。

（三）两人两绳交叉并脚同步单摇跳

1. 动作方法

两人并排站立，交叉握绳子一端把柄，同时摇动，两人同时起跳，跳绳的动作称为两人两绳交叉并脚同步单摇跳（图 4-19）。

图 4-19 两人两绳交叉并脚同步单摇跳

2. 动作要领

两人必须节奏一致，交叉的绳子不可打结。

（四）车轮摇绳练习

1. 动作方法

两手各握一绳，依次向前摇动，使两绳始终相差 180°，即一上一下，一前一后，重复练习；或者两人一组，一人手握两绳柄依次向前抡动练习摇绳，同伴一只手摇绳一边跳单摇绳（图 4-20），两绳始终相差 180°，一上一下，一前一后，重复练习。

图4-20 车轮摇绳

2. 动作要领

车轮跳抢绳为车轮跳辅助练习动作，改变初学者两手同时摇绳的习惯，体会两绳依次打地的感觉，领会"车轮"的内涵。

3. 重点与难点

抢绳时一定要保证绳子是交错打地，两根绳子摇动时一根保持最高点，另一根保持在最低点打地，两绳相隔相同时间交错打地，保持节奏均匀。

（五）两人车轮

1. 动作方法

两人并排站立，相近把柄交叉相握，将绳置于身后；一绳先向前摇动，当摇至最高点时另一绳开始向前摇动，两人依次跳跃过绳，两绳始终相差180°，一上一下，一前一后，看上去像"车轮"在转动（图4-21）。

图 4-21　两人车轮

2. 动作要领

（1）首先确定谁先起跳，先跳者与后跳者保持匀速跳跃，每次跳跃相隔相同的时间，两绳一上一下，一前一后，相隔相同距离。

（2）两人保持统一的节奏。

（3）初学者可先练习双脚跳，再练习左右脚交换踏跳。

3. 重点与难点

两绳子进行匀速运动，两人相同方向的手臂保持节奏一致。

4. 易犯错误及纠正方法

（1）起跳时容易受到对方的影响，两人会同时起跳。纠正方法：两人向前看，不要盯着对方看，一人先起跳，但另一人要配合摇绳，控制住自己起跳的节奏。

（2）双手不能分开摇绳，交替摇绳动作变成一致摇绳动作。纠正方法：多练习抢绳动作。

5. 教法提示

（1）抢绳动作练习：两手各拿一绳，练习原地和移动抢绳动作。

（2）单个动作练习：两人各跳一次或两次，重复练习。

（3）连贯动作练习：两人连贯车轮跳练习，每组各跳 10～15 次（表4-7）。

表4-7　不限时连续车轮跳评价表

标准	努力	加油	好	优秀	真棒
次数	30	60	80	100	120

第二节　花样跳绳的中级技巧

一、单绳难度拓展

（一）勾脚点地跳

1. 动作方法

在基本摇绳姿势的前提下，摇绳过脚后一脚直接落地，另一脚向前伸出，脚跟着地；再次跳跃过绳后，两脚并拢。两脚交替进行练习（图4-22）。

图 4-22　勾脚点地跳

2. 动作要领

（1）手臂保持基本摇绳姿势，上体保持直立。

（2）前脚勾紧脚尖，让脚跟轻点地面，重心在支撑脚。

（二）提膝跳

1. 动作方法

在基本摇绳姿势的前提下，摇绳过脚同时一腿做提膝动作，支撑腿跳起后伸直，再次跳跃过绳后两脚并拢落地。两脚交替进行练习（图 4-23）。

图 4-23　提膝跳

2. 动作要领

（1）手臂保持基本摇绳姿势，上体保持直立。

（2）提膝腿脚面绷紧，重心在支撑腿。

（3）大腿抬平，上体与大腿、大腿与小腿均成 90°左右夹角。

（4）初学者可以连续跳跃 10~20 次为一组，间歇练习。

（三）前后转换跳

1. 动作方法

从前摇绳基本跳开始，两手握住绳子两端绳柄，绳置于身前，由前向后摇动绳子，当绳子运行至头顶时，一手从身前并向另一侧手，两手绳子在一侧身体打地并顺势转身 180°，然后两手打开，绳子经头顶向后通过脚底，做后摇跳动作（图 4-24）。

图 4-24　前后转换跳

图 4-24 前后转换跳（续）

2. 动作要领

（1）侧打地动作时绳子沿立圆轨迹运行。

（2）转身动作与侧打地动作协调一致。

3. 重点和难点

转身与侧打地动作协调一致。

4. 易犯错误及纠正方法

在侧打地时也跟着跳起来；侧打地动作与转身动作脱节，不能协调一致。纠正方法：反复练习跳前单摇绳加一个侧打动作，熟练后配合转身练习。

（四）前后打

1. 动作方法

前后打，即绳子不过脚在身体前后打地的动作。双脚开立，与肩同宽，双手握绳柄从右向左荡绳至左脚斜前方 45°时双手往身体右斜后方摇绳，绳子经头顶到达身后，绳子在背后打地的同时转动身体，绳子从右往左荡绳，荡至左脚斜后方，双手往身体右斜前方摇绳，这样就完成了一次向右前后打绳过程（图 4-25）。另一侧动作方法相同，方向相反。

图4-25 前后打

2. 动作要领

（1）两个过绳：左侧（右侧）斜前方45°从头顶过绳；左侧（右侧）斜后方45°过绳（图4-25）。掌握两个过绳角度就可以顺利过绳。

（2）打地与转身的配合：绳子打地后要顺势转身，让绳子紧贴地面运行，保持绳子饱满的弧度。

（3）手腕与腰部的配合：整个过程中靠手腕发力摆动绳子，腰部的协调配合可使绳子运行顺畅。

3. 重点和难点

绳子打地与转身的配合非常关键，打地后没有转身容易使绳子打结；过绳角度的把握决定是否能顺利过绳的关键。

4. 易犯错误及纠正方法

（1）过绳角度不到位：过绳角度应为斜前方45°和斜后方45°，过大或过小都容易导致绳子缠绕头部，不能顺利过绳。纠正方法：固定角度，强化过绳练习。

（2）动作过程中手臂摇动幅度过大，手腕和腰部不能协调用力。纠正方法：两手用力均匀，手腕与腰部配合，尽量缩小动作幅度。

5. 教法提示

（1）两腿自然站立，两手分别持绳柄于身体两侧，身体左转45°，绳子放于左斜前方45°。

（2）两手发力，向后摇绳，绳经头顶至右后侧脚踝处。

（3）打地同时，身体向右转体90°，绳子至左侧脚踝处。

（4）两手发力，向前摇绳，绳经头顶至右前侧脚踝处。

（5）打地同时，身体向左转体90°，绳子回到原位，重复进行。

（五）敬礼打

1. 动作方法

以前摇为例：两手握住绳子两端绳柄，绳置于身后。起绳后，由后向前摇动绳子，当绳子摇至头顶上方时，两手同时向左侧（右侧）摆动，绳子在左侧（右侧）打地同时，左手（右手）内旋90°背于身后，绳柄朝右（左）；右手（左手）贴于腹前，绳柄朝左侧（右侧）；两手分别贴于身体腹前、背后；绳子顺势在身体右侧（左侧）空打地，左手（右手）顺势回到原位（图4-26）。两侧可交替重复练习。

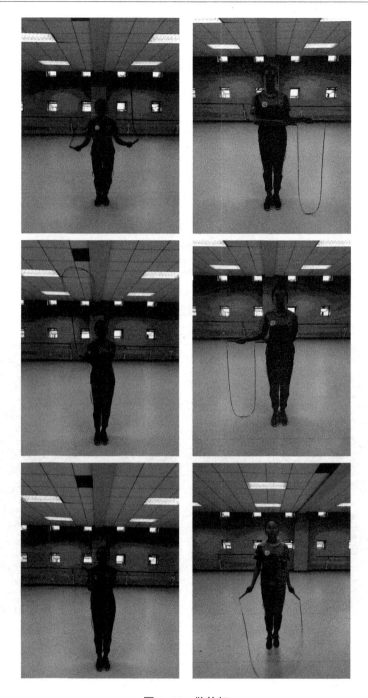

图 4-26　敬礼打

2. 动作要领

（1）背于身体后面的手臂要与体前手臂协调用力。

（2）绳子经头顶时，体前手应配合用力甩到体侧，让绳子顺利侧打地。

（3）身体可配合动作顺势转动约 30°。

（六）敬礼跳

1. 动作方法

以前摇为例：两手握住绳子两端绳柄，绳置于身后，由后向前摇动绳子，当绳子摇至头顶上方时，两手同时向左侧（右侧）摆动，绳子在左侧（右侧）打地同时，左手（右手）内旋 90° 后背于身后，绳柄朝右（左）；右手（左）贴于腹前，绳柄朝左侧（右侧）；两手分别贴于身体腹前、背后，同时向前摇动绳子，双脚或单脚跳过绳子，可连续跳跃。因跳跃时身体像"敬礼"姿势，因此叫作敬礼跳（图 4-27）。

图 4-27　敬礼跳

2. 动作要领

（1）背于身体后面的手臂要与体前手臂同时摇绳。

（2）两手臂要分别交叉到位，宽度至少超过髋关节，保证顺利过绳。

（3）身体顺势旋转大约30°。

3．重点和难点

前后手交叉时两手臂往外侧伸，形成绳子转动的空间。

4．易犯错误及纠正方法

（1）两手腕交叉时手柄向上。纠正方法：从正前面可以看到后面的手或者手柄的出现。

（2）两手腕用力不均，绳子挂在身上。纠正方法：徒手做前后手交叉，转动手腕体会动作要领。

5．教法提示

（1）模拟练习：两手腕前后手交叉后连续做模拟摇绳动作，练习手腕控绳能力。

（2）做单侧敬礼打模拟，熟练后可做左右两侧的动作。

（3）固定敬礼跳练习，体会两手腕相互协调同时发力的感觉（图4-28）。

图4-28　固定敬礼跳

（七）同侧胯下跳

1. 动作方法

以前摇为例：两手握住绳子两端绳柄，绳置于身后，由后向前摇动绳子，当绳子经头顶摇至体前时，一只脚抬起，与抬起脚同侧的手臂伸至抬起腿膝下，绳柄朝外，单脚跳过绳（图4-29）。另一侧动作相同，方向相反。

图4-29　同侧胯下跳

2. 动作要领

当绳摇至胸前时抬腿，手臂用页势绕至膝下，保持绳子的饱满度；身体稍向前倾，呼吸均匀自然，有节奏。

3. 重点与难点

抬腿高度以及膝下手臂打开的角度。

（八）异侧胯下交叉跳

1. 动作方法

两手握住绳子两端绳柄，绳置于身后，由后向前摇动绳子，当绳子经头顶摇至体前时，手臂做前交叉动作，贴近身体的手臂的对侧脚抬起，内侧手臂伸入抬起脚膝下，绳柄朝外，单脚跳过绳（图4-30）。另一侧动作相同，方向相反。

图 4-30　异侧胯下交叉跳

2. 动作要领

当绳摇至胸前时抬腿，交叉后的内侧手臂顺势绕至膝下，保持绳子的饱满度；身体稍向前倾，呼吸均匀自然，有节奏。

3. 重点与难点

抬腿高度以及膝下手臂打开的角度。

二、组合动作拓展

（一）快乐绳操

1. 创编说明

本套绳操是由绳的摆动、缠绕、折叠等基本动作组成。通过绳操主要让学生熟悉软器械的功能和运动规律，同时结合身体关节运动，达到协调动作、提高兴奋性的功能。通常绳操可在跳绳课程或体育活动热身时进行。

快乐绳操要点提示：

（1）快乐绳操共 8 节，由 8 个不同的主要动作构成。每节动作有 4 个 8 拍，共计 32 个 8 拍。快乐绳操强度适中，做整套操大约需要 4 分钟。

（2）快乐绳操在个人完成的基础上，可以集体进行演练。动作要准确，节奏要一致。

（3）快乐绳操需要自配音乐，可选用节奏明显、旋律欢快的音乐，每分钟在 128~132 拍左右。

（4）在基本动作类型不变的情况下，可适当进行队形变换。队形要求合理、流畅、自然。

2. 动作说明

动作一：踏步绕绳（4个8拍）。

准备：绳子四折，握于右手。

第1拍：直臂于头上水平绕环，踏右脚。

第2拍：直臂于头上水平绕环，踏左脚（图4-31）。

图4-31 踏步绕绳

3~8拍：同1~2拍，一拍一动，重复进行。

动作二：屈膝前点（4个8拍）。

准备：绳子四折，手握两端。

第1拍：右脚前点，直臂前伸。

第2拍：收回右脚，双臂前屈，屈膝并立。

第3拍：左脚前点，直臂前伸。

第4拍：收回左脚，双臂前屈，屈膝并立（图4-32）。

5~8拍：同1~4拍，重复进行。

图4-32 屈膝前点

动作三：屈膝后点（4个8拍）。

准备：绳子四折，手握两端。

第1拍：右脚后点，直臂向上。

第2拍：收回右脚，双臂前屈，屈膝并立。

第3拍：左脚后点，直臂向上。

第4拍：收回左脚，双臂前屈，屈膝并立（图4-33）。

5~8拍：同1~4拍，重复进行。

图4-33 屈膝后点

动作四：屈膝侧点（4个8拍）。

准备：绳子四折，手握两端。

第1拍：右脚右侧点，直臂向侧。

第2拍：收回右脚，双臂前屈，屈膝并立。

第3拍：左脚左侧点，直臂向侧。

第4拍：收回左脚，双臂前屈，屈膝并立（图4-34）。

5~8拍：同1~4拍，重复进行。

图4-34 屈膝侧点

图 4-34　屈膝侧点（续）

动作五：上步提膝（4 个 8 拍）。

准备：绳子四折，手握两端。

第 1 拍：右脚上前一步，直臂前平举。

第 2 拍：提左脚，双臂前屈，单腿直立。

第 3 拍：左脚上前一步，直臂前平举。

第 4 拍：提右脚，双臂前屈，单腿直立（图 4-35）。

5~8 拍：同 1~4 拍，重复进行。

图 4-35　上步提膝

动作六：侧步摆臂（4 个 8 拍）。

准备：

绳子四折，手握两端。

第 1 拍：右脚向右侧一步，两臂向右摆动成右臂侧平举。

第 2 拍：左脚向右并步，两臂向左摆动成左臂侧平举。

3~4拍：同1~2拍动作（图4-36）。

5~8拍：与1~4拍动作相同，方向相反，重复进行。

图4-36 侧步摆臂

动作七：转体甩绳（4个8拍）。

准备：绳子对折，左手握跳绳手柄。

第1拍：右脚向右侧一步，左手向右侧甩绳。

第2拍：左脚向右侧一步，向右转体180°，换右手握跳绳手柄。

第3拍：右脚向右侧一步，向右转体180°，左手抓握跳绳。

第4拍：左脚并右脚，左脚尖点地（图4-37）。

图4-37 转体甩绳

图 4-37　转体甩绳（续）

5~8 拍：动作同 1~4 拍，方向相反，重复进行。

动作八：前后转肩（4 个 8 拍）。

准备：绳子对折，手握两端。

第 1 拍：左手在上，右手在下，执绳于体前。

第 2 拍：左手在上，右手在下，向后转执绳于体后。

第 3 拍：右手在上，左手在下，执绳在体后转换方向。

第 4 拍：右手在上，左手在下，向前转执绳于体前（图 4-38）。

5~8 拍：同 1~4 拍，动作相反，重复进行。

图 4-38　前后转肩

图 4-38 前后转肩（续）

（二）跃动绳舞

动作一：左右"8"字绕绳。

1~2 拍：两手在身体左侧腰部位置，两手握手柄使绳在左体侧绕圆一周。

3~4 拍：两手在身体右侧腰部位置，两手握手柄使绳在右体侧绕圆一周（图 4-39）。

5~8 拍：同 1~4 拍，重复进行。

图 4-39 左右"8"字绕绳

动作二：钟摆跳。

第1拍：两手在身体两侧腰间，向前直摇跳一次，两脚并跳过绳。

第2拍：两手在身体两侧腰间，向前直摇跳过绳落地后，左腿侧踢（图4-40）。

第3拍：两手在身体左侧腰间，向前直摇跳一次，左腿收回两脚并跳过绳。

第4拍：两手在身体两侧腰间，向前直摇跳过绳落地后，右腿侧踢。

5~8拍：同1~4拍，重复进行。

图4-40　左右侧踢

动作三：基本交叉单摇跳。

第1拍：两手打开在身体两侧腰间，向前直摇跳一次。

第2拍：两手腹前交叉，向前交叉跳一次。

第3拍：两手打开在身体两侧腰间，向前直摇跳一次。

第4拍：两手腹前交叉，向前交叉跳一次（图4-41）。

5~8拍：同1~4拍，重复进行。

图4-41 交花跳

动作四：前后打。

第1拍：双手在身体两侧，身体左转45°，绳子由后向前做前打地动作。

第2拍：双手在身体两侧，身体右转45°，绳子由前向后做后打地动作（图4-42）。

3~8拍：同1~2拍，重复进行。

图4-42 前后打

动作五：提膝跨跳。

第1拍：两手打开在身体两侧腰间，由后向前摇绳，右腿支撑，提左膝，跳过绳子。

第2拍：两手保持向前摇绳，右腿向后踢，左腿向前跨，跳过绳子。

第3拍：两手保持向前摇绳，左腿支撑，提右膝，跳过绳子。

第4拍：两手保持向前摇绳，左腿向后踢，右腿向前跨，跳过绳子

（图4-43）。

5~8拍：同1~4拍，重复进行。

图4-43 提膝跨跳

动作六：扭腰跳。

第1拍：两手打开在身体两侧腰间，重心前移，左脚向前落地直摇跳一次。

第2拍：保持手臂向前摇绳姿势，重心后移，右脚落地直摇跳一次。

第3拍：保持手臂向前摇绳姿势，重心后移，左脚向后落地直摇跳一次。

第4拍：保持手臂向前摇绳姿势，重心前移，右脚落地直摇跳一次（图4-44）。

图4-44 扭腰跳

5~8 拍：同 1~4 拍，重复进行。

动作七：俯卧撑跳。

第 1 拍：向前直摇跳绳，当绳子过头顶上方时，体前屈下蹲，绳子向前平铺于地面。

第 2 拍：展开身体，做一次俯卧撑。

第 3 拍：收回两腿成体前屈下蹲姿势。

第 4 拍：直立身体，并腿向前直摇跳一次（图 4-45）。

5~8 拍：同 1~4 拍，重复进行。

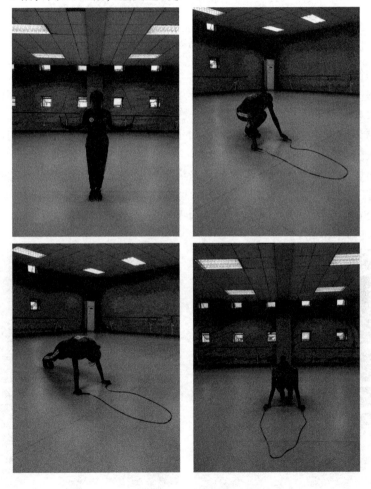

图 4-45 俯卧撑跳

图 4-45　俯卧撑跳（续）

动作八：双手胯下交叉跳。

第 1 拍：向前直摇跳绳，当绳子过头顶上方时，两手开始在体前左侧膝下交叉，右腿支撑跳过绳子，做一次抱左膝直摇跳动作。

第 2 拍：绳子过头顶上方时，两手臂打开在身体两侧，并腿向前直摇跳一次。

第 3 拍：继续向前直摇跳绳，当绳子过头顶上方时，两手开始在体前右侧膝下交叉，左腿支撑跳过绳子，做一次抱右膝直摇跳动作。

第 4 拍：绳子过头顶上方时，两手臂打开在身体两侧，并腿向前直摇跳一次（图 4-46）。

图 4-46　双手胯下交叉跳

5—8拍：同1—4拍，重复进行。

（三）律动绳操

动作一：侧后摆绳。

第1拍：两手在身体左侧腰间，绳在左侧绕环一周。

第2拍：右手从体前绕到身体右侧腰间，左手从背后绕到身体右侧腰间，绳在右侧绕环一周（图4-47）。

第3拍：两手在身体右侧腰间，绳在右侧绕环一周。

第4拍：左手从前面绕到身体左侧腰间，右手从背后绕到身体左侧腰间，绳在右侧绕环一周。

5~8拍：同1~4拍，重复进行。

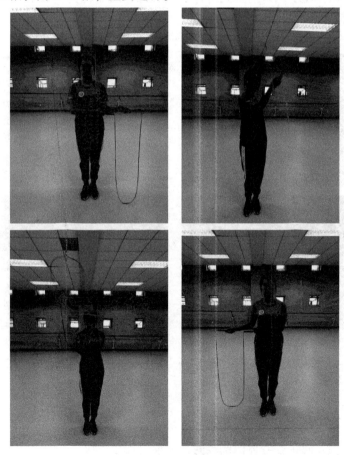

图4-47 侧后摆绳

动作二：敬礼跳。

第1拍：两手在身体左侧腰间，绳在左侧绕环一周。

第2拍：右手保持在左侧腰间，左手从背后绕到身体右侧腰间，在前后手（右前左后）的摇绳姿态下做一次敬礼跳动作。

第3拍：右手从体前绕到身体右侧腰间，左手保持在背后，绳在右侧绕环一周。

第4拍：两手在身体两侧腰间，向前直摇跳一次。

第5拍：两手在身体右侧腰间，绳在右侧绕环一周。

第6拍：左手保持在右侧腰间，右手从背后绕到身体左侧腰间，在前后手（左前右后）的摇绳姿态下做一次敬礼跳动作。

第7拍：左手从体前绕到身体左侧腰间，右手保持在背后，在绳左侧绕环一周。

第8拍：两手在身体两侧腰间，向前直摇跳一次（图4-48）。

图4-48 敬礼跳

动作三：左右侧摆直摇跳。

第1拍：两手在身体左侧腰间，绳在身体左侧绕环一周。

第2拍：两手在身体两侧腰间，向前直摇跳一次。

第3拍：两手在身体右侧腰间，绳在身体右侧绕环一周。

第4拍：两手在身体两侧腰间，向前直摇跳一次（图4-49）。

5~8拍：同1~4拍，重复进行。

图4-49　左右侧摆直摇跳

动作四：侧摆交叉跳。

第1拍：两手在身体左侧腰间，绳在身体左侧绕环一周。

第2拍：两手腹前交叉（左上右下），交叉向前直摇一次。

第3拍：两手在身体右侧腰间，绳在右侧绕环一周。

第4拍，两手腹前交叉（右上左下），交叉向前直摇一次（图4-50）。

5~8拍：同1~4拍，重复进行。

图4-50　侧摆交叉跳

图 4-50　侧摆交叉跳（续）

动作五：吸踢腿跳。

第 1 拍：向前直摇跳一次，提左膝，大腿与地面平行，小腿自然下垂，两手在身体两侧腰间，做提膝跳动作。

第 2 拍：两手在身体两侧腰间，向前并脚做一次直摇跳动作。

第 3 拍：两手在身体两侧腰间，向前直摇同时左腿做一次踢腿跳动作。

第 4 拍：两手在身体两侧腰间，向前并脚做一次直摇跳动作（图 4-51 和图 4-52）。

5~8 拍：同 1~4 拍，换右腿做，重复进行。

图 4-51　吸踢腿跳

图 4-52　吸踢腿跳

动作六：左右转后摇跳。

第 1 拍：绳子由后向前打地，两手在身体两侧，身体左转 180° 做前打地动作。

第 2 拍：两手在身体两侧腰间，向后做一次直摇跳动作。

3~4 拍：同第 2 拍，做连续两次后摇跳动作。

第 5 拍：绳子由前向后打地，两手在身体两侧，身体右转 180° 做后打地动作。

第 6 拍：两手在身体两侧腰间，向前做一次直摇跳动作（图 4-53）。

7~8 拍：同第 6 拍，做连续两次前摇跳动作。

图 4-53　左右转后摇跳

图 4-53　左右转后摇跳（续）

动作七：异侧胯下交叉跳。

第 1 拍：两手体前交叉，右臂贴近腹部伸至左侧膝下（由内向外），左手在右侧胸前，向前做一次左侧胯下直摇跳动作。

第 2 拍：向前直摇跳一次。

第 3~4 拍：同第 2 拍，继续向前直摇跳两次（图 4-54）。

第 5~8 拍：同 1~4 拍，换做右侧胯下跳。

图 4-54　胯下交叉跳

动作八：双摇。

1~2 拍：两手在身体两侧腰间，向前双摇跳一次（图 4-55）。

3~8 拍：同 1~2 拍，向前双摇跳三次。

图 4-55 双摇

三、多人协作拓展——跳绳游戏

（一）快快跳起来

1. 游戏名称

快快跳起来。

2. 游戏特点

提高兴奋性，增强反应能力。

3. 游戏方法

多人游戏，绳子的长度以参与人员多少而定。一人执绳，其他人以执绳人为圆心，成圆形均匀分布。游戏开始后，执绳人逆时针（顺时针）甩起绳子，横扫游戏者脚下，游戏者依次跳起，躲避绳子。被绳子扫到者出列担任用绳执行人（图 4-56）。

4. 游戏规则

（1）执绳人可持1~2根绳进行游戏。

（2）绳子经过地方，游戏者需用不同的姿势腾空跳起。

图4-56　多人跳绳游戏（一）

5. 注意事项

（1）执行人需控制绳子的高度，绳子要处于游戏者膝部以下，谨防胡乱甩绳伤人。

（2）身体不适者不宜参与。

（3）绳子碰到或打到游戏者，执绳人必须马上停下甩绳，并换人继续游戏。

（二）穿越隧道

1. 游戏名称

穿越隧道。

2. 游戏特点

提高对节奏的感知能力，增加团队合作精神。

3. 游戏方法

6 人左右参与游戏。5 人依次摇绳，一人进行穿越，每经过一位跳绳者必须与其同跳一次。依次通过各位跳绳者后，到达队尾后成为最后一个摇绳者；第二人进行穿越，以此类推，直至最后一位跳绳者穿越全队游戏结束，用时少的队伍胜出（图 4-57）。

图 4-57　多人跳绳游戏（二）

4. 游戏规则

（1）所有跳绳者要统一节奏。

（2）穿越者应同大家保持节奏一致。

（3）也可采用其他穿越方式，如利用跳绳转动的间隙通过，可不与跳绳者同跳。

5. 注意事项

（1）跳绳速度适中。可以大臂甩绳加大绳子的空间，以便穿越者通过。

（2）身体不适者不宜参与。

（3）绳子碰到或打到游戏者时，跳绳者必须马上停下甩绳，重新调整跳绳节奏。

（三）剪刀、石头、布

1. 游戏名称

剪刀、石头、布。

2. 游戏特点

提高控绳和反应能力，增加跳绳趣味。

3. 游戏方法

两人或多人游戏。单绳跳的过程中，用脚进行"剪刀、石头、布"的游戏，落地时并脚站立视为出"石头"；两脚左右跨立视为出"布"；前后跨立视为出"剪刀"（图4-58）。

（1）口令："剪刀、石头、布"。

（2）需要用脚做出"剪刀""石头""布"的动作，落地时看谁胜利。规定时间内，胜多者为赢。

图4-58　"剪刀、石头、布"（单人）

4. 游戏规则

（1）在口令期间，应不断进行跳绳。

（2）允许空中改变步伐等做假动作，以落地动作为判断胜负的依据（图 4-59）。

图 4-59　"剪刀、石头、布"（双人）

5. 注意事项

（1）跳绳速度适中。可有大臂甩绳减缓绳子的速度，增加反应时间。

（2）注意节奏和停绳。

（四）象限跳

1. 游戏名称

象限跳（图 4-60）。

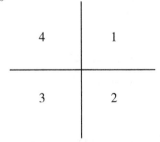

图 4-60　象限跳示意图

2. 游戏特点

提高控绳和反应能力，增加跳绳趣味。

3. 游戏方法

两人或多人游戏。单绳跳的过程中，进行象限跳游戏。一人在跳，同伴跟随，如果失误或不能完成为输，可以不断交换角色进行游戏。

（1）口令："左、右、前、后"。

（2）需要依次跳进相应的象限内，落地判胜负。规定时间内，胜多者为赢（图4-61）。

图4-61　象限跳

4. 游戏规则

（1）在口令期间，应不断进行跳绳。

（2）允许空中改变方向等做假动作，以落地动作为判断胜负的依据。

5. 注意事项

（1）跳绳速度适中。可有大臂甩绳减缓绳子的速度，增加反应时间。

（2）控制身体随绳子一起移动的距离，注意控制重心。

四、朋友跳组合拓展

（一）朋友跳套路

特点：通过趣味的转体、依次动作和口令提示，不但能开发左手动手能力，还能增加跳绳者之间的默契和友谊，增强为他人服务的意识和合作意识。

跳法：此套路动作可按照两人预定顺序循环进行，也可根据套路启发自己创编新动作。可两人进行，也可多人同时进行。如果增加人数可适当增加绳子的长度。下面是朋友跳套路介绍。

1. 依次跳

（1）口令："1 你跳，2 我跳，3 大家跳"。

（2）动作方法：两人并行站立，同时外侧手执绳。外侧手伸至腹前，给同伴摇绳同伴跳过；外侧手回自己身体侧面，同伴外侧手伸至腹前，给自己摇绳并跳过；两人并行站立，同时外侧手摇绳，两人同时跳过绳体。如（图 4-62），重复进行。

图 4-62 依次跳

（3）注意事项：两人可以同是外侧手，或同是内侧手，或一人内侧手一人外侧手，这样的话动作路线类似，但手臂路线不同，可自己动脑加以尝试。此外，不换手难度相对较高，换手则降低了难度。两人面对面站立也可进行此套演练。

2. 换位跳

（1）口令："1 你跳，2 我跳，3 大家跳，4 空摇换位"。

（2）动作方法：两人并行站立，同时内侧手执绳。左手在自己左侧，给同伴摇绳；左手回自己身体右侧，给自己摇绳并跳过；左手保持在自己右侧，给自己摇绳并和同伴一起跳过绳；左手回到身体左侧，与同伴空摇绳并前后换位；手伸至腹前，给同伴摇绳；左手在自己左侧，给自己摇绳并跳过；左手保持在自己左侧，给自己摇绳并和同伴一起跳过绳；左手伸至腹前，与同伴空摇绳完成前后再次换位，重复进行，过程如图 4-63 所示。

图 4-63　换位跳

（3）注意事项：自己先跳和对方先跳顺序不同，则两人换位前后走序不同。两人面对面站立也可进行此套演练。

（二）朋友跳互动跳组合

1．口令

"1我跳，2同跳，3我跳"；"左（空），中（带），右（空）"。

2．动作方法

动作方法一：两人面对面（也可同向）站立，一人手执跳绳。（以同伴在带人者右侧为例）带人者在同伴右侧位置自己跳绳一次；带人者移动至同伴面前，与同伴同跳；带人者移动至同伴左侧位置自己跳绳一次，重复进行。

动作方法二：两人对面（也可同向）站立，一人手执跳绳。以被带者居右侧位置为例，带人者保持跳绳动作，被带者在带人者右侧位置自己跳一次；被带者自跳移动至带人者面前，与带人者同跳；被带者移动至带人者左侧位置自己跳一次（图4-64），重复进行。

图4-64　朋友跳互动跳组合

3．注意事项

（1）互动跳强调带人者和同伴的配合。

（2）注意被带者和带人者跳动节奏一致。

（3）无论哪方移动，注意移动的幅度，一步到位。

两人可以面对面站立也可背靠背站立。可以两人组合，也可多人组合进行此套演练。

（三）三人单绳互动跳组合

1．口令

"1自跳，2同跳，3自跳，4同跳"；"中（空），左（带），中（空），右（带）"。

2．动作方法

动作方法一：两人同向站立，一人手执跳绳与其面对而立。带人者在中间位置自己跳绳一次；带人者移动至自己左侧同伴面前，与同伴同跳；带人者移动至中间位置自己跳绳一次；带人者移动至自己右侧同伴面前，与同伴同跳，重复进行。

动作方法二：两人同向站立，一人手执跳绳与其面对而立。跳绳带人者原地跳绳不动，由左右两侧同伴依次移至绳内与其同跳。

动作方法三：两人同向站立，一人手执跳绳与其面对而立，跳绳带人者和同伴同时移动至切合位置同跳。

3．注意事项

（1）注意被带者和带人者跳动节奏一致。

（2）三人单绳互动跳强调，带人者和被带者的位置要切合，无论哪方移动，都要注意移动的幅度，一步到位。

两人可面对面跳也可背靠背跳。可以两人组合，也可多人组合进行此套演练。

五、车轮跳组合拓展

（一）车轮跳变换练习

1. 两人单绳组合

两人单绳组合练习是车轮跳的辅助练习动作，体验与同伴互动摇绳的感觉。

2. 两人两绳辅助同跳

两人两绳辅助同跳练习是车轮跳的辅助练习动作，一人用朋友跳方式参与跳绳，体验与他人协作摇绳的默契和配合；一人两手摇两绳体验与他人互动摇绳配合的感觉（图4-65）。

图4-65　车轮跳组合

3. 两人两绳同跳

两人两绳同跳练习是车轮跳的辅助练习动作，两人内侧手互握对方手柄，同时摇绳跳，体验与他人协作摇绳的配合（图4-66）。

图 4-66　两人两绳同跳

4. 两人车轮跑

两人车轮跑是车轮跳的辅助练习动作，两人内侧手互握对方跳绳手柄，用依次打地的方式边向前摇边向前慢跑，体验绳子依次打地的感觉。车轮跑能快速体验到车轮依次打地的感觉，在自己手脚协调以及能和同伴在较好配合的情况下，可以过渡到原地车轮跳。

（二）车轮跳组合

1. 车轮跳单人转 360°

动作口令：（以左边跳绳者转体为例）右边跳绳者口令："同伴跳、自跳、同伴转、自跳"；左边跳绳者口令："自跳、同伴跳、自转、同伴跳"。

动作要领：车轮跳单人转 360°动作是在车轮跳的基础上演变而来，以左边跳绳者转体为例，两人在跳车轮跳的过程中，右边跳绳者保持车轮跳依次打地的摇绳节奏，左边跳绳者向内转体 360°。

动作方法：右边跳绳者保持摇绳，左边跳绳者跳过绳；右边跳绳者跳过绳，左边跳绳者向内转 180°；右边跳绳者保持摇绳，左边跳绳者继续转体 180°，绳子打地；右边跳绳者跳过绳，左边跳绳者保持摇绳（图 4-67）。

图 4-67　车轮跳单人转 360°

图 4-67　车轮跳单人转 360°（续）

2. 车轮跳两人同转 360°

动作口令：右边跳绳者口令："同伴跳、转体、转体、自跳"；左边跳绳者口令："自跳、转体、转体、同伴跳"。

动作要领：车轮跳转 360°动作是在车轮跳的基础上演变而来，两人在跳车轮跳的过程中，保持车轮跳依次打地的摇绳节奏并向内转体 360°。

动作方法：右边跳绳者保持摇绳，左边跳绳者跳过绳；两人同时向内转 180°，两人右手绳同时打地；两人继续转体 180°，两人左手绳同时打地；右边跳绳者跳过绳，左边跳绳者保持摇绳（图 4-68）。

图 4-68　车轮跳两人同转 360°

第三节 花样跳绳的高难技巧

一、高难技巧中的花样种类

（一）摇绳者花样

1. 动作方法

两人手握两绳相隔适当距离相对站立，两腿分开略宽于肩，屈膝微蹲，两手位于腰部高度。依次向内侧绕圈摇绳，两绳依次打地，间隔相同时间（图4-69）。

图4-69 摇绳者花样

2. 动作要领

（1）绳子开始摇动时，两人商定好哪根绳先摇，哪根绳后摇。

（2）绳子中心位置依次打地，节奏明显且间隔相同时间。

（3）平时练习时，眼要盯住某个东西，这样不会头晕。

3. 重点与难点

用手腕发力，两手贴于腰部向内侧绕圈，速率均匀，两根绳间隔相同时间依次打地。

4. 教法提示

四人一组，两人摇绳，可以喊口令及打节拍"1，2，1，2……"。

（二）进绳花样

1. 动作方法

跳绳者可站于摇绳者任意一侧，跳绳者位于绳外，靠近跳绳者的那根绳为内侧绳，远离跳绳者的那根绳为外侧绳。以站在摇绳者右侧为例，跳绳者数外侧绳，当闪过内侧绳，外侧绳打地时开始起跳，内侧绳下落时跳进绳中（图4-70）。

图4-70 进绳花样

2. 动作要领

在两绳打地处做一个标记，以便跳绳者和摇绳者分清中心位置。选用两根不同颜色的绳子，以便初学者数节拍，以外侧绳打地为准数节拍："1，2，3，进"，数"进"时跳入绳中。许多问题的出现是因为跳绳者进绳动作错误，进绳时采用"一步跳"，即上一步起跳，要跳入绳中。跳跃高度适中，不要太高或太低，5~10cm即可。跳跃节奏尽量加快，比跳跃单长绳要加快一倍的速度。跳入绳中后，摇绳者要数节拍，帮助跳绳者找节奏。

(三) 跳绳者花样

1. 动作方法

进绳后双脚同时跳起落地。并脚时两脚前后稍错开，一脚的前端在另一只脚的脚心处，易于掌握平衡且可避免两内踝相撞。前脚掌压地后自然弹起，膝关节微屈，缓冲落地后的反冲力，保护脚踝和大脑，同时尽量避免前踢腿或后撩腿动作。上体自然放松，挺直但不僵硬。呼吸均匀自然，有节奏，眼睛盯着摇绳者手部（图4-71）。

图4-71　跳绳者花样

2. 动作要领

初学者往往因为怕绳绊脚而跳跃高度过高，且容易出现前踢腿等错误动作，跳起来非常费力又容易失误。初学者要先掌握节奏，其次控制跳跃高度（一般跳5~10cm左右）。

3. 教法提示

绳中可两人或多人同步跳，增强对交互绳节奏的感知。

(四) 出绳花样

出绳有两个方向，一为同侧出（进绳侧），二为异侧出（与进绳相反侧）。一般从异侧出绳，进绳后开始数节拍，数到单数时可从异侧出绳，同样数到双数时可从同侧出绳。或者进绳后左右跳跃，始终记住从相反方向出绳，即跳左绳后下一次从右边跳出，跳右绳后下一次从左边跳出（图4-72）。

图 72 出绳花样

刚开始学习交互绳时，进绳和出绳是难点和重点，经过反复练习后，就可以达到动作自动化，能够快速而稳定地自由进出交互绳。自我评价见表 4-8。

表 4-8 30 秒交互跳绳速度评价表

标准	合格	一般	良好	优秀
次数	60	80	90	100

二、高难技巧中的创意花样

（一）多角绳

长绳是花样跳绳中所需绳具及人数最多的动作类别，可以有一根或多根短绳与一根或多根长绳的组合，绳中有绳，变化万千，精彩纷呈，是花样跳绳中最精彩的一部分。长绳花样属于集体项目，要求参加者动作协调统一，齐心协力，培养跳绳者之间相互协作的精神。跳长绳对摇绳者的技术要求较高，要求摇绳人注意力集中，注意摇绳的速度、节奏，主动配合跳绳者。"梅花"是长绳花样中一种形象的称呼。

1. 动作要求

多角绳最少需要 4 人（3 名摇绳者，1 名跳绳者），也可多人同时参与。至少需要 3 根 4~7m 的长绳。

2. 动作方法

4 名摇绳者两手各持一绳柄站在三角形的顶点上，同时向里（三角形内侧）或向外（三角形外侧）摇绳，跳绳者可从任意一绳跳入，沿逆时针或顺时针方向旋转跑动跳跃绳子（图4-73）。

图4-73　多角绳

3. 动作要领

安排一名摇绳者喊口令，跳绳者掌握进绳时机，如"1，2，预备，进"，当跳绳者听到"进"时跳入绳中。摇绳者手臂尽量打开于身体两侧，以免绳子相互打结。跳绳者从摇绳者身后外侧进绳。

（二）"乘风破浪"

1. 动作要求

同时摇起3根以上单长绳，所有绳子要排列成一竖排，动作一致，节奏稍缓。跳绳者在绳子中间部分的一侧站成一竖排，依次跳过所有长绳，从另一侧冲出。有"一路冲杀，披荆斩棘，乘风破浪"的感觉。

2. 动作要领

绳子反摇，进绳时不能犹豫，每根绳可跳2次，第3次跳入下一绳，熟练后每根绳可跳1次。

3. 动作方法

4名摇绳者两手各持一绳柄站在平行两排，间距2~3m，面向跳绳人进行反方向摇绳，跳绳者可择机跳入，逆着绳子跑动并跳过（图4-74）。

图4-74　"乘风破浪"

（三）"天罗地网"

1. 动作名称

"天罗地网"的跳绳方法适合多种长度的绳子。2根绳子交叉是最简单的"天罗地网"跳法。

2. 动作方法

2根或2根以上绳子按照顺序依次交叉，交叉点为绳子中点，同时摇绳；跳绳者在绳交叉中心处跳绳；摇绳者可平均站到两边成两排站立摇绳，也可围成一个大圆摇绳（图4-75）。

图4-75　"天罗地网"

图 4-75　　"天罗地网"（续）

3. 动作要领

　　尽量选用材质相同、长度相等的绳子；各绳在中点处交叉；所有摇绳者可统一右手持绳，身体稍转，大臂摇动，保证绳子在运动中流畅饱满。

第五章　艺术欣赏之创编花样跳绳

花样跳绳表演节目是在音乐伴奏下，多名表演者通过多样的表现形式，丰富的表现内容，高超的技术展现，默契的团队配合，全面展示花样跳绳运动的动作多样性、观赏性、创意性和娱乐性。

近年来，随着花样跳绳在国内外的普及与开展人们对花样跳绳运动有了进一步的认识，花样跳绳所具有的表演性和观赏性也使其焕发出独特的魅力，很多人喜爱跳绳也是因为被花样跳绳炫酷的表演所吸引。目前，花样跳绳表演赛已成为世界跳绳锦标赛和全国跳绳比赛的热门比赛项目，开展花样跳绳的学校或企事业单位也把掌握一套完美的跳绳表演节目作为一项任务。

第一节　花样跳绳的创编原理

花样跳绳演出效果取决于多种因素，是多元素效应的综合反映。在影响花样跳绳演出效果的诸多因素中，成套动作创编十分重要，成套动作创编的质量与水平高低直接影响到比赛成绩的高低及演出效果的优劣。

一、花样跳绳动作的创编

（一）动作创编的原则

1. 目的性原则

编排一套花样跳绳动作，首先应明确编排的目的和任务，因为目的不同，编排的内容、形式与编排的重点就会不同。所以，在编排之前要弄清楚这套动作是用于健身还是表演、比赛。一般健身性花样跳绳以全面锻炼身体为直接目的，在选择与编排动作时要考虑的是"安全"和"有效"。而表演性花样跳绳的主要目的是展示，注重套路的艺术性和观赏性，在编排上动作比健身性花样跳绳复杂，动作较少重复。竞技性花样跳绳是以竞赛取胜为目的，成套动作的编排受规则的限制和要求，一般而言，竞技性花样跳绳成套动作的编排既要有一定的观赏性，又要具备一定的难度。

2. 针对性原则

花样跳绳的编排应针对练习者的年龄、性别、身体状况、运动能力等特点，遵循运动规律，选择适宜的练习内容和练习方法。编排健身性花样跳绳成套动作时应根据不同年龄层次练习者的生理特点与体育基础，选择适宜的练习内容和方法，注重健身和娱乐效果。编排表演性花样跳绳时，应在了解表演者的实际情况的基础上，编排具有一定难度和艺术性的成套动作。编排竞技花样跳绳时，其音乐、动作应符合规则的要求，并根据队员的实际情况设计组合动作，最大限度地发挥队员的潜能。

3. 科学性原则

花样跳绳成套动作创编是将丰富多样的花样跳绳动作与音乐完美地结合，形成具有竞争力的个人或集体成套动作。所谓创编的科学性就是在创编过程中做到动作的难易程度应与运动员的能力相适应，大强度的动作在成套动作中的数量和分布合理，身体与绳子的配合、时空变化符合运动规律的特点，从而使运动员能够轻松、流畅地完成成套动作。创编的科学性是保证运动员顺利完成成套动作的基础。

不管是健身性花样跳绳，还是表演或竞技性花样跳绳的编排，都要注意编排的科学性，具体表现在以下两个方面。

（1）注意身体全面发展的原则。花样跳绳整套动作创编的内容要全面影响人体，从动作部位来说，应包括上肢、下肢、躯干各部位的动作；从动作方向来说，应包括向前、向后、向左、向右的动作；从身体素质来说，应包括速度、力量、柔韧、协调、灵活等方面的内容，使身体得到全面发展。

（2）合理安排运动量。整套动作的运动量要根据练习对象的特点编排符合人体活动规律的成套动作，由小到大，避免运动量过大造成运动损伤，或者运动量过小不能达到锻炼效果。

4. 合理性原则

花样跳绳动作的设计，应从整套动作的具体任务出发，紧紧围绕主题进行总体构思，精心设计，避免东拼西凑。健身性花样跳绳的编排，应力求动作简单易学，讲求实效，使其符合人体结构规律和生理特征。而表演性和竞技性花样跳绳的编排则注重动作的设计多样性、时效性、艺术性、技巧性和创造性，避免千篇一律，枯燥无味。

5. 协调性原则

花样跳绳是一项节奏性较强的运动，音乐是它的灵魂，音乐伴奏是烘托气氛、转换节奏、激发运动员情趣的重要手段。另外，音乐节奏的快慢与强弱、音调的优美和谐与动作力度和幅度的大小、动作的高低起伏及运动负荷的大小等关系密切。因此，创编成套动作时，应结合音乐的旋律、风格。选择音乐时，可根据音乐的特点来组合编排动作，也可根据现有的成套动作选择适合的音乐或根据动作的特点制作音乐。

6. 统一性原则

从成套动作各部分的完整性和从属性来看，成套动作所表现的主题和风格应统一，具有一致性；成套动作的创编与评分规则的要求相一致；成套动作中采用的技术应与花样跳绳的发展方向相一致；成套动作的音乐选择应与运动员特点、动作特点相一致；各类别动作的比例在成套中应具备统一性，避免成套动作出现相同难度动作堆积的现象。

7. 对比性原则

对比性原则是指运用事物对立矛盾的规律来强化成套动作表演的效果。运用对比性原则能够有效地提高成套动作的艺术效果。在花样跳绳成套动作创编中，音乐节奏的强弱、快慢以及旋律的起伏变化是表现对比的重要手段之一。同时，动作的动静、快慢、高低、急缓的变化，在动作幅度、速度以及肌肉紧张度等方面引起的反差形成鲜明的对比效果，常常能给裁判和观赏者留下深刻的印象。

8. 协同性原则

身体动作和绳子动作是成套动作的两个方面，人绳合一是花样跳绳的灵魂。身体与绳子的协同配合是成套动作创编的基础和基本要求。同时，花样跳绳成套动作是多名运动员协作共同完成的，因此在表演中要求每位运动员要有集体协作精神，能够和谐一致地完成成套动作。创编过程中应充分考虑到每个运动员的特点，在队形变化、集体造型等方面达到流畅、协调，形成运动员之间的最佳协同。

9. 创新性原则

创新是花样跳绳成套动作创编的基本特征，是花样跳绳项目发展与生命的源泉，同时也是成套动作创编过程中应当遵循的基本原则。不断推出新的技术、新的创编思路、新的创编方法和新的创编形式与内容，才能探索花样跳绳独特魅力并在激烈的竞争中占据优势。花样跳绳成套动作创编与创新是无止境的发展过程，要实现创新，就必须切实把握花样跳绳技术发展的趋势，具备前瞻的眼光和敏锐的思路来研究和掌握各种技术发展新动向，并在评分规则基本要求的基础上大胆创新、巧妙构思，创编、创作出新颖独特的成套动作。

（二）花样跳绳成套动作创编的方法

1. 借鉴法

借鉴法，即在现代花样跳绳的基础上，将其他体育运动的动作、造型或队形变化加以改造，引入花样跳绳。借鉴法的最大功效是可以博采众长，防他人之短为己之短。在借鉴中，要具体分析被借鉴对象的条件和内容，具体分析创编的目的或个人的实际情况，不搞生搬硬套。例如，将体操、武术、街舞中的一些动作，结合花样跳绳的特点进行加以改造，具有一定的锻炼和观赏价值。例如，花样跳绳中的开合跳、俯卧撑跳、虎扑跳等，也非常受人欢迎。

2. 移植法

移植法又称模仿法，移植的本意是把一株植物从一个地点转移到另一个地点栽培。移植法现已发展成为一种重要的科学研究、技术应用推广的方法。在花样跳绳的创编中，移植法是将日常生活中一些有趣或有锻炼与观赏价值的动作，编入花样跳绳中，如田鸡跳、敬礼跳等。

3. 发现与提炼法

发现与提炼法，是指在花样跳绳教学和练习实践中，善于发现一些有创意的组合和动作，善于提炼、总结经验与教训。长期从事花样跳绳的教学、训练及研究的人，必然会积累不少经验，如何把这些经验提炼，并运用到花样跳绳创编的实践中，需要体育教师具有足够的耐心、观察能力以及联想能力。

（三）花样跳绳成套动作创编的过程

1. 确定创编的目的和用处

明确花样跳绳成套动作创编的目的和用处，是健身用还是表演或比赛用，根据不同用处，确定成套动作的难度、表现形式等。

2. 了解练习者情况

在编排之前要先了解练习者的年龄、性别、人数、身体素质和运动技术水平等，以便有针对性地设计和编排动作。

3. 要有一个总体设想

在了解编排的目的和练习者的情况后，要对成套动作有一个总体的设想，并根据设想，选择动作素材、队形变换方法和适合的音乐，建立起成套动作的基本结构。

4. 练习与修改完善

按设计好的动作进行练习，在练习的过程中按照创编的目的、要求及练习者的学习情况等对整套动作做出必要的修改和完善。

二、不同类型花样跳绳的设计原理

（一）华丽、快乐的跳绳作品

花样跳绳是传统跳绳技艺与现代表演元素融合而成的表演艺术，不但展示原有跳绳运动简捷、灵敏、多变的特点，还紧扣时代脉搏，符合现代人的审美。通过不同主题的塑造，打造适合各种场合的艺术作品。

传递华丽、快乐的跳绳作品往往利用新媒体虚拟技术，打造声、光、电等奇幻空间，延展人们的艺术想象力，给人们感官带来新的震撼。新的数字技术培养新一代的观众，华丽的视觉盛宴满足了人们的视觉和审美体验。影视景观中的场面变换、奇效灯光使人产生浸泡式的视觉效果和身临其境的现场感。跳绳运动带来健康、律动、青春之美让更多人跃跃欲试，增添了人们对花样跳绳浓厚的兴趣（图5-1至图5-3）。

图 5-1　华丽、快乐的跳绳作品（一）

图 5-2　华丽、快乐的跳绳作品（二）

图 5-3　华丽、快乐的跳绳作品（三）

（二）青春、清新的跳绳作品

青春是朵美丽的花，让人们体验到卓越的创造力、坚强的意志、艳阳般的热情、毫不退缩的进取心以及舍弃安逸的冒险心……反映青春的作品总是更能给人们带来清新的感觉。青少年对艺术有独到的理解，青春印象的作品能给人们带来强烈的新奇感、诱惑感和亲近感，在很多花样跳绳作品中展示新生代对生活的热爱，对运动的酷爱，对友谊的表达，让跳绳运动变得趣味、灵动。通过一些舞蹈、游戏、富有情趣的个人秀，甚至一些夸张、变形、谐趣、幽默的创意融入跳绳表演，让跳绳表演生动感人，意义深远（图5-4至图5-6）。

图5-4　青春、清新的跳绳作品（一）

图5-5　青春、清新的跳绳作品（二）

图 5-6　青春、清新的跳绳作品（三）

（三）流行、健康的跳绳作品

随着时代的发展，新元素不断的出现，人们的生活也更加丰富多彩。不断推陈出新的舞蹈、流行音乐、时尚服饰、街舞特色动作，都可能成为时代的流行元素，这些元素不但更能反映作品与时俱进，还能很轻易地打动人心。《最炫民族风》《江南 style》《嘻唰唰》《甩葱歌》等流行歌曲都脍炙人口，在跳绳表演中出现这些流行的元素让人倍感亲切。踏着耳熟能详的音乐节奏，模仿骑马舞的跳绳、模仿卓别林动作的跳绳、模仿杰克逊机械舞的跳绳、模仿卡通特色动作的跳绳，模仿着有独特代表意义动作的跳绳往往让人忍俊不禁，开怀大笑。观众在创编者巧妙的模仿和拨动心弦的创作过程中情不自禁就融入跳绳运动中来（图 5-7、图 5-8）。

图 5-7　流行、健康的跳绳作品（一）

图 5-8　流行、健康的跳绳作品（二）

（四）成熟、技巧的跳绳作品

炉火纯青的技术是体育艺术表演最大的魅力所在。在花样跳绳的各类作品中，传递成熟、技巧印象的作品也往往令人回味无穷。常见的花样跳绳技巧表演中，除了秀摇绳者的绳技外，很多体现的是跳绳者的绳技：侧空翻进入、腾空飞脚、旋风脚、后扫脚、后摆腿等各种腾跃动作。此外推小车、鞍马跳、跳山羊进入、俯卧撑、侧手翻等动作在增加表演的难度和高度外，使花样跳绳变得更具可观性。花样跳绳强调互动性，摇绳者与跳绳者的互动，表演者与观众的互动。那种出神入化、行云流水、高潮迭起、精彩纷呈的绝妙表演，无不让人为体育美所激情澎湃。成熟的花样跳绳创编还体现在跳绳表演者在旋律、节奏、节拍、力度、表情等方面的诠释和发挥，通过位置的移动、转体等让摇绳和跳绳的角色互换变得灵活机动，让跳绳表演者对跳绳艺术的感悟和创造性得到淋漓尽致的发挥，让精彩动人、绚丽多姿的运动表演成为打动观众且经久流传的作品（图5-9、图5-10）。

图 5-9　成熟、技巧的跳绳作品（一）

图 5-10 成熟、技巧的跳绳作品（二）

第二节 花样跳绳的创编要素

花样跳绳成套表演节目的创编应根据练习者不同的目的和任务、对象特点、绳具特点、规则要求和国际发展趋势、体育美学法则这 5 个方面的主要因素，选择和创编出适合运动员特点的成套动作。花样跳绳成套动作构成的基本要素是花样跳绳成套动作存在的基础，这些基本要素构成包括两个层面：其一，从成套动作的外部表现来看，是以运动员完成的动作和为其伴奏的音乐为基本要素。其二，从成套动作存在的载体来看，是由空间和时间构成。因此，动作、音乐、空间、时间是构成花样跳绳成套动作必不可少的基本元素。

一、动作要素

动作是指全身或身体的一部分的活动。花样跳绳的"动作要素"包含跳绳动作和摇绳动作两大部分，跳绳动作是花样跳绳的基础动作，摇绳动作必须与跳绳动作完美配合，摇绳与跳绳相辅相成，不可分割，构成和谐统一的整体。动作难度、动作美观度、动作类别以及动作连接是评价花样跳绳技术动作的 4 个维度。

（一）动作难度

动作难度是反映技术水平的重要标志，在规定时间内，运动员应尽可能多地完成高难度动作。但并不是机械地堆积难度动作，要根据运动员的掌握程度、体能状况以及整套节目的高潮点来设置难度动作，形成"爆炸点"，从而让高难度动作达到最佳的观赏效果。

难度动作数量的多少并不是绝对的，从理论上讲，成套动作中难度动作的数量与动作完成质量成反比，是一种较为理想的态势，这样避免了成套动作创编中难度动作堆积的弊病，使运动员有更多的空间和时间来丰富基本动作创编并使动作完成得质量更好。然而，难度动作的选择也不能单纯地追求减少难度动作数量和选择级别高的难度动作。难度动作的选择必须与运动员的运动竞技能力相匹配，难度价值级别越高，动作技术的复杂程度相应也就会提高，失误率也会越高。在成套动作创编中，应选择运动员已掌握的或经过短时间的训练能够高质量完成的难度动作，并合理地创编到成套动作之中，以保证成套动作中创编的难度动作在表演时能够轻松完美展现，减少失误。

（二）动作美观度

动作美观度是整套表演节目观赏性高低的重要标志。运动员完成动作时身体姿态标准，精神状态饱满，绳的弧度优美，将大大提高表演的观赏性。提高动作的美观度，要着重突出成套动作的主题思想和艺术表现力，充分展现花样跳绳运动的美，花样跳绳动作的艺术化演艺是动作创编的重点。

要想让动作美观大方，轻松自然，首先要做到的是稳定。稳定是运动员技术娴熟、心理成熟的体现。稳定体现了动作时间、动作力度的分寸感、动作技术的成功率和熟练性。

（三）动作类别

花样跳绳的动作类别丰富，花样繁多，成套动作的创编要充分考虑花样跳绳动作的多样性。多变的动作能够展示花样跳绳的美，不同的动作类型、形式多样的动作表现方式及音乐的演奏构成千变万化、多姿多彩、充满艺术魅力的成套动作。

（四）动作连接

花样跳绳动作类型较多，如交互绳、车轮跳、个人花样、长绳类等，每种类型的动作还包含不同的元素，从一种动作类型转换为另一种动作类型（如交互绳转变为车轮跳）或者从一种元素的动作转变为另一元素的动作（如个人花样多摇动作转变为交叉动作），中间的转换不能停顿，应连贯流畅、设计巧妙，给观众耳目一新的感觉。连贯流畅表现为成套动作的连续性动作感，主要通过不同动作的变化、丰富多彩的构图、合理的动作连接方式以及变化的线路来展现出流畅的整体动作画面；巧妙性是创作智慧的结晶，伴随着创造性与新颖性，花样跳绳成套动作创编的巧妙性能够诱发人们独特、新颖的审美体验，这是创编者努力追求的目标之一。

集体项目创编，除了重视不同类型、不同元素动作的连接外，还应对团体动作的一致性、整体协调性、快速连续性以及类似"轮唱"的形式完成动作、有对比地完成动作等给予足够的重视，这些因素的综合使用将会大大提高演出节目的艺术性和观赏性。

二、音乐要素

音乐是人类社会历史上最早出现的艺术种类之一，也是日常生活中人们最喜爱的艺术种类之一，音乐的声音意象作用于人的听觉，使感受者产生一定的联想，进而在自己的头脑中产生一定的富有情感的体悟，在情绪上受到感染和陶冶。从美学意义上讲，花样跳绳属于时空艺术，它同舞蹈艺术一样又是视觉艺术，它以时间和空间的方式存在，借助人体自身有韵律的形体动作抒发情感，并按一定的节奏在时间、空间中展开，用跳绳技巧表达感情，这一切在音乐的伴奏下实现。因此，观众总是同时调动视觉和听觉多种审美心理共同参与，来欣赏花样跳绳表演。

在花样跳绳运动中，音乐的主要任务是为花样跳绳成套动作进行情绪上和力度上的烘托与渲染，特殊音乐效果的运用可以大大提高成套动作的效果和气氛。音乐可以表达情绪，音乐的旋律、强弱、轻重等，可以附上某种情绪，教练员、运动员尽力使"音乐视觉化"，用人体动作"展现音乐"，动作与音乐应达到"和谐一致的融合关系"，在创编的结构中给音乐一个空间，让它成为创作成套跳绳动作组合的一部分。

音乐的特征和节奏必须与动作保持严格的一致，在任何情况下，音乐不能只是几个无关联的音乐片断的组合。音乐选择要符合动作特点和风格，不同运动员及不同类别的动作均存在着差异，表现出不同的风格和特点，成套动作音乐选择应充分结合其特点、发挥其优势、调动其积极因素，做到扬长避短。例如，对于性格比较开朗、活泼、富有激情，动作技术熟练，快速完成动作能力强、弹跳力较好的运动员，适宜采用节奏明快、活泼的乐曲；而对于一个身材修长、性格内向、动作柔美，但力度较差的运动员则适宜于选择优美抒情的乐曲；集体动作应选择速度较快、气氛热烈、旋律、节奏变化丰富的乐曲。

在创编中对于经典乐曲不能因为时间的久远而排斥，对于流行音乐也不能因为时髦就刻意追逐。关键是音乐的选择应符合运动员和器械的特点，能创造出和谐、优美、符合竞赛需要以及能够引起观赏者共鸣的成套动作。花样跳绳成套动作创编中音乐的选择不应因循守旧，走别人走过的路，而应当勇于开辟新径，创造性地运用美妙的音乐伴奏，使成套动作的表现达到最佳效果。

三、空间要素

花样跳绳的表演空间包括高度、宽度和深度3个维度，在三维空间内可以创造出线形、环形以及其他各种运动路线。运动员通过花样跳绳成套动作的创编和完美的动作展现来占据空间、感觉空间、构筑空间和描绘空间。在花样跳绳项目的创编中，空间结构的运用有着特有的表现方法与形式，空间的组织形式取决于演出环境、创编主题、运动员及绳具特点等因素。

（一）方位运用

充分合理地运用6个基本方位的变化，有助于提高创编的整体效果：向前和向后（深度）、向左和向右（宽度）、向上和向下（高度）运动的完成。在比赛或演出中裁判员和观众席总是在一个固定的方向，为了充分展示最佳技术动作，应掌握部分类型动作展现方式的规律，在创编中恰当地运用，使运动员的优势得到最大限度的展现，如车轮跳换位时正面朝向观众能产生良好的视觉效果。

（二）动作路线

花样跳绳成套动作的路线是由运动员在比赛场地和空间的一系列位移而形成的。通常，一套丰富、优美的成套动作的路线必须具备两个条件：第一，教练员、运动员应对动作由哪个位置开始、做哪一类动作并采取什么线条（如直线、曲线、弧线等）、向哪个方向移动、结束的位置及方向等进行仔细的构思与策划；第二，运动员应具备快速完成动作的能力，以满足在规定的时间内能够移动至设计的位置。成套动作的路线安排应使运动员的移动布满全场，包括场地的4个角和中间位置，移动的路线应满足多样化的要求从而构成多姿多彩的图案。

在动作路线设计的过程中，可采用九宫格的设计方式，整个运动赛场平均分配成9个方格，将运动路线与完成动作成功地体现在9个方格里，可以使运动员明确动作路线，提高运动员竞技能力的发挥。

（三）队形运用

队形变化是集体项目创编中不可缺少的一部分。在成套动作创编中，合理并有创意的队形选择、队形与音乐的和谐配合、队形与动作的合理搭配等，都将对成套动作创编的整体效果产生重要的影响。不同的空间形式具有不同的特性和气氛。直线、圆、三角形等严谨规整的几何形式空间（图形），营造出端庄、平稳、肃穆、庄重的气氛；不规则的空间形式（图形）营造出活泼自然、无拘无束的气氛。封闭式空间创造出内向、肯定、隔世、宁静的气氛；开敞式空间创造出自由、流动、爽朗的气氛。在成套动作的创编中应根据动作的类型、音乐的气氛、器械的特点、运动员的特征等适时地将不同的队形巧妙地安排在成套动作之中，应依据成套动作的需要合理地将几何图形和不规则图形灵活地运用于成套之中，并使各种图形的转换流畅、清晰。

四、时间要素

在花样跳绳中完整成套动作的时间是指动作过程的顺序性、间隔性和持续性，具体表现在成套动作的各部分自始至终依次出现的顺序，动作强弱和快慢周期的交替，单个动作、成套动作或整个比赛动作过程持续的时间。

花样跳绳成套动作的时间可以从两个层面来考量：第一，评分规则限定的每一个成套动作整体时间范围的运用；第二，每一套动作中节奏的强弱、缓急、长短、快慢等时间的变化以及各动作类型或完整成套动作各部分占时间的比例。

花样跳绳成套动作创编从某种意义上来说就是合理分配时间，从而让时间产生效益的艺术。花样跳绳成套动作是由开始部分、中间部分和结束部分三个部分组成，每一部分的目的、任务不同，它们所需表现的时间亦有差异，因此在时间的分配与安排上应有所区别，以达到和谐、均衡的艺术效果。同时，为了在有限的时间内尽可能多地满足观众需求，应当控制成套动作的节奏，使成套动作张弛得体，有效利用时间，达到游刃有余。

总之，构成花样跳绳成套表演节目的动作、音乐、空间和时间四种要素的内涵各不相同，互有区别，但这些要素并不是孤立的，它们之间相互联系、相互影响、相互制约、相互依存，共同构成完整的花样跳绳成套表演节目。

第三节　花样跳绳的程序方式

一、成套动作创编的程序及阶段划分

花样跳绳成套动作创编的过程划分为三个基本阶段，即准备阶段、实施阶段和检验阶段。根据各自活动任务不同，每个阶段具体操作方法也不同。需要明确的是，各个阶段相互联系、相互制约，并形成反馈机制，当遇到问题而需要对前一个或两个环节进行修改时，则发出反馈指令，从而保证成套动作创编质量高和顺利完成。所以，花样跳绳成套动作创编的过程是一个设计、实施、调整、修改、发现问题、再调整的不断完善的过程。

二、各阶段创编的方法

花样跳绳成套动作创编方法源于经验的积累，而经验又推动着创编方法不断创新和发展。在成套动作创编的不同阶段，应根据需要合理选择与运用具体方法（图5-11）。

（一）创编的准备阶段

准备阶段是成套动作创编实施的预备阶段，主要包括技术准备和总体构思两部分内容。

1. 技术准备

技术准备包括动作素材准备和音乐素材准备。动作是创编的基础，在成套动作创编前，教练员应客观地分析运动员的特点，为运动员设计需要学习和开发的技术动作内容，并组织其进行训练，为满足成套动作创编所需的各类动作奠定基础。主要方法为：在已掌握的动作基础上，通过大量尝试，做各种类型的花样动作，开发具有创新性的难度动作、新的连接方式，为成套动作创编做好动作储备。在准备期，教练员、运动员应大范围收集音乐素材，即试听各类型音乐，进行音乐资料的储备。

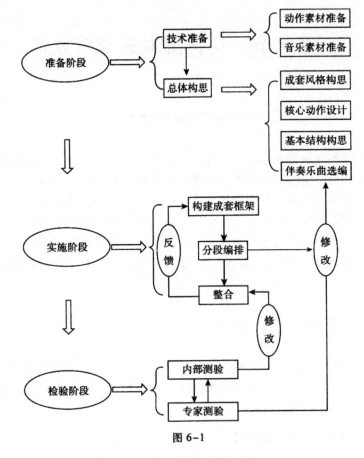

图 6-1

图 5-11　花样跳绳的创编过程

（刘树军，花样跳绳，2013 年）

2. 总体构思

在总体构思过程中，形象思维贯穿始终，同时抽象思维和灵感激发也起着很大的作用。有些构思较为具体，如动作的难度、类型及基本结构等，有些构思较为模糊，如表达和反映艺术意境方面，这些还需要在创编的具体实施中进行进一步尝试、选择和定夺。

（1）表演风格的构思与设计。表演风格是指运动员动作的时空变化以及情绪、意境等与音乐和谐配合所呈现出主体与客体统一的整体特征。动作风格的呈现具有多样性的特点。成套动作风格取决于运动员个体独特的身体形态、运动素质、个性心理、技术特点、文化艺术素养水平等多种因素，呈现出每队独具特色的表演风格。

（2）核心动作的设计与选择。在进行总体构思时，能够创造具有良好表演效果的核心动作的设计与选择是重中之重。首先，应对难度动作的数量、类型、呈现形式、连接方式等诸因素进行确定，如交互绳换接绳、个人花样多摇跳花样、放绳花样、车轮跳在表演中使用的个数，是以单个难度动作还是以联合难度动作的形式出现，并检查是否符合运动员的实际情况等。其次，考虑选择何种材质、何种功能的绳具，跳绳绳具种类繁多，使用效果也有很大的差异，应设计、选择符合表演环境及运动员技术水平的绳具。再次，是特色动作和创新动作的设计与选择，包括设计新的难度动作、新的连接方式、身体动作与绳具构成新的关系、运动员与运动员之间的构成以及器械与器械之间构成新关系等动作，最大限度地体现出运动员的优势和特殊能力。

（3）基本结构的构思。成套动作的结构形式主要由开始、中间和结束三个部分组成。

开始部分一般以开场造型居多，一般有两种含义：一种是最大限度地表现造型美；另一种则是为有利于完成第一个动作做准备。因此，开场造型应选择引人注目，能够吸引观众注意力的动作。

中间部分是主体，是构成成套动作发展、高潮的基本部分。由于中间部分时间长，动作数量多，合理的动作结构与布局、与音乐的巧妙配合、运用恰当的时机与合理的空间、将"难、绝、新、美"特点充分发挥，必将使成套动作高潮迭起，形成多个闪光点。应避免难度动作的简单排列，应从类型、方向及呈现形式的丰富多样、快速变化等方面着手，并在难度动作和连接动作中设计并加入艺术表演效果的因素，使成套动作达到难与美的完美结合。

结束部分是将成套动作推向又一个高潮和顶峰的阶段，可以采用一个或一组新颖、复杂、高价值的难度动作，使动作戛然而止，扣人心弦；亦可在高难度动作或惊险性动作之后经过一个转折，在渐去的音乐声中，柔和、优美、缓缓地结束成套动作，使人产生虽静犹动、意犹未尽的效果。

（4）伴奏乐曲的选编。伴奏乐曲的选择是在成套动作整体构思的基础上，选择和创编符合总体构思的乐曲。通常有以下两种方法。

1）根据动作编写乐曲。作曲者依据运动员的动作创作出专用伴奏的乐曲，这种方法作出的音乐与动作和谐统一，科技含量较高，但是受到作曲者的专业水平、演奏条件、经济状况等多种因素的制约，不太常用。

2）根据成套动作需要，对已有的音乐作品进行改编。根据成套动作的需要，将一个或几个乐曲主题不同但基调一致的作品中的一部分乐曲或乐曲的一个段落，按照动作的结构，合理、巧妙地剪辑在一起，形成较为完整并符合成套动作要求的伴奏乐曲，这种选编方式目前在国内外被广泛运用。

（二）创编的实施阶段

实施阶段是将准备阶段所制定的方案付诸行动的过程，是创编的核心环节，主要包括构建成套动作框架、分段创编动作、成套动作的整合三个部分。

1. 构建成套动作框架

构建成套动作框架的主要任务是划分段落和设计成套动作的路线及队形变化。其步骤如下：

（1）仔细分析音乐，确立全套动作中主要环节部分和高潮部分的位置。

（2）合理分配核心动作的顺序。

（3）绘制动作路线图，包括开场位置、核心动作路线、结束的位置等。

（4）设计队形变化图，包括"成型"队形和转换下一个"成型"队形的移动路线，力求丰富多样，表现出最佳艺术效果。

2. 分段创编动作

分段创编是整套创编的实际操作过程，通常按照成套动作结构由开始至结束依照顺序逐段进行创编。根据音乐的旋律、节奏、节拍，音乐的表现风格和意境，仔细创编花样动作，连接转换动作，努力使每一个音符都有恰当的动作与其配合，使动作与音乐的性质、节奏和情绪相吻合。在分段创编中应特别注意对主旋律段及效果较强的某一段音乐深入研究、认真推敲，使用典型的、能够突出音乐特点和增强表演效果的动作来体现。

3. 成套作用的整合

花样跳绳表演节目创编的整合是一个精雕细琢的过程。所谓"整合"，是指将成套动作应具备的各要素及分段动作通过合理的方式有机地结合在一起，从而形成主题一致，具有完整性、艺术性、观赏性的表演节目。在欣赏花样跳绳表演时，首先感知到的是，直观动态性的外部表现形式。如果没有其独特的形式，花样跳绳本身就不会存在，因此花样跳绳表演创编应遵循形式美的规律。

花样跳绳形式美的基本规律主要包括以下几点。

（1）整齐一致。整齐一致，使人产生洁净、真实的美感，是最基本的形式美要素之一，要求运动员穿着服装的面料、样式、图案以及所使用的绳具等整齐一致，技术水平、动作风格等达到高度的一致性，体现出一种整齐的美。

（2）对比变化。对比能给人以振奋、鲜明的美感，动作的快慢、高低、大小、动静、刚柔，构成动作、空间、时间的对比；音乐的强弱、快慢、高低，形成听觉与视觉结合的对比。

（3）多样统一。花样跳绳的多样统一，就是在变化中求统一。在成套动作创编中，运动员在一个统一的音乐和动作主题构思的统率下，在同一时空中展示不同等级的动作、不同的身体与器械动作的类型及形式、不同空间的运用等，使成套动作呈现出绚丽多彩、异彩纷呈的景象，从而构成一幅多样统一的精彩画面。

（三）创编的检验阶段

花样跳绳表演节目创编的好坏还需要经受实践的检验。通常，一套节目的生命周期为半年至一年，其过程主要包括：创编→训练→比赛或表演→淘汰。在整个过程中，教练员、运动员应对表演节目进行不断的修改和完善，尤其是在创编的后期，应对所创编的成套动作进行不同形式的检验。

1．内部测验

成套动作创编完成之后，首先应组织教练员和本队全体运动员对每套动作进行内部自我测验。其方法主要是，按照评分规则的要求和标准，对所创编的成套动作的各个部分进行评分。通过对创编的实际评价，找出所存在的问题，为进一步改进和完善成套动作提供相应的修改意见，以提高成套动作创编质量。

2．组织专家检验

除内部检验外，还应有计划地组织有关花样跳绳专家，包括裁判员、专业教师、专业管理人员以及音乐和舞美专家等，有针对性地对所创编的成套动作进行分析、研究，对难度动作的数量、价值、类型、呈现形式、创新动作的使用情况、音乐质量、动作与音乐结合、整套动作结构等因素进行梳理，对运动员能否体现创编意图和难度水平进行评估，并提出修改意见和建议。教练员、运动员根据专家提出的意见和建议，结合自身的特点，来进行必要的修改和调整，以达到较理想的比赛和演出效果。

花样跳绳表演节目创编是一个不断创造和创新的过程。在节目创编过程中应树立与保持创新意识和创新精神，不断提高创新能力，努力开拓创新思维，合理运用创新方法不断创新。同时，花样跳绳表演节目创编创新应遵循超前性、针对性、可行性、观赏性原则，正确、合理地运用各种创新方法进行创编。

三、花样跳绳动作技术分类

（一）花样跳绳技术动作的分类

为了更好地认识学习花样跳绳，针对跳绳各类动作技术的特点，采取适合的教学方法，将花样跳绳的各类动作进行分类是很有必要的。下面将从教学的需要出发，依据花样跳绳各类动作的运动学和动力学的主要特征，对各种花样跳绳动作进行分类。

1. 步法类动作

步法类动作，主要是指花样跳绳中各种脚步变换的花样。花样跳绳的步法动作一般来源于健美操、武术、街舞的步法动作，动作可难可易，观赏性较高。步法类动作是学习花样跳绳的基础，练习步法花样有助于提高脚步的灵活性，从而为学习其他动作打好基础。

2. 交叉类动作

交叉类动作，是指花样跳绳中手部交叉或手脚配合类交叉动作，形式上表现为，手部的交叉或者手与腿的交叉，所以称为编花。编花类动作对于手腕、手臂的灵活性要求较高，手部的编花动作可以配合脚部步法动作进行练习，编花类动作是花样跳绳技术提高性练习内容。

3. 多摇类动作

多摇类动作，是指身体腾空以后，绳子在空中最少绕身体摇转两周的花样动作。多摇类动作难度较大，对身体各方面的要求较高，是花样跳绳技术的高级动作，需要有一定的跳绳基础才能学习。

4. 体操类动作

体操类动作，是指将体操技巧动作与跳绳结合的一类跳绳动作。花样跳绳中技巧类动作多为体操中的技巧动作，动作的难度较大，具有一定的技巧性。在学习技巧类花样跳绳动作之前，应在教师的指导下先进行无绳练习，掌握动作后再配合绳子练习。

5. 力量类动作

力量类动作，是指将手臂俯撑的一些静力性动作与跳绳结合的一类跳绳动作，如俯卧撑跳、纵劈叉跳、虎扑跳等。

6. 放绳类动作

放绳类动作，是指在跳绳的过程中，一只手或双手将一只绳柄或两只绳柄抛向空中，然后再接住手柄，不间断地完成跳绳一类动作。

7. 缠绕类动作

缠绕类动作，是指在跳绳的过程中，将绳体在肢体上缠绕不少于一周并顺利打开的动作。

8. 互动配合

互动配合，主要是在多人（两人以上）跳绳的过程中，队员之间的身体接触的配合以及与现场观众之间的互动。

（二）花样跳绳动作的主要技术

动作技术是指符合人体运动科学原理，能充分发挥身体潜在能力，合理有效地完成动作的方法。为了更好地学习花样跳绳，我们需要对动作的技术有较为深入的了解，即不但要知道动作怎么做，还应当知道为什么要这样做。只有这样，才能抓住动作的关键环节，进行合理的教法指导。花样跳绳是全身上下协调配合的运动，其动作技术分为摇绳技术、跳绳技术、抛绳技术和放绳技术。

1. 摇绳技术

跳绳的摇绳技术是学习和提高跳绳技术的基础，而绕身体水平轴的摇绳又是学习其他摇绳方法的基础。花样跳绳的摇绳方法变化较多，包括绕身体水平轴、垂直轴的摇绳技术，左右、上下抡绳技术，前后打绳技术等。不管绳子怎么变换，摇绳技术最关键的就是手腕的转动，所以手腕的灵活性是跳绳技术教学的重要环节。

2. 跳绳技术

花样跳绳的跳绳技术不同于传统跳绳的跳绳技术，不仅包括脚步上的单脚、双脚的上下跳跃过绳技术，还包括身体其他部位的各种上下弹动过绳技术，这类技术一般来源于体操技巧类技术，具有一定的难度，如手翻、跪跳、腹支撑跳、臀支撑跳等。

3. 抛绳和放绳技术

抛绳和放绳通常是通过手或身体的其他部位的动作使绳子离开人体达到一定的高度或远度，然后使运动着的绳子停落在双手或身体某部位。

四、花样跳绳技术动作常用教学方法

（一）花样跳绳的教学特点

1. 教学内容丰富，信息来源广泛

花样跳绳教学内容既有健身性花样跳绳、娱乐性花样跳绳，还有表演性和竞技性花样跳绳；既有个人花样的练习，也有双人及多人花样的配合练习；既有跳绳自身特有动作的练习，又有来源于体操、武术、舞蹈等的各种花样练习，其教学内容丰富多样。

2. 动作复杂，教法多样

花样跳绳的内容丰富多彩，动作的难度及复杂性决定了在花样跳绳教学中需采用多种教学方法，以便通过多种渠道向学生传递动作信息。

3. 音乐与花样跳绳有机结合

花样跳绳节奏鲜明，现代舞台花样跳绳和竞技花样跳绳比赛都配以节奏明显、旋律优美的音乐，给人以美的感受，音乐开始成为花样跳绳运动不可缺少的重要组成部分。花样跳绳教学要结合音乐进行练习，培养学生良好的乐感。

（二）花样跳绳动作技术的教学方法

1. 外部信息概念的建立

（1）示范法。示范法是指示范者通过自己完成动作，将动作的整个过程展示给学习者。通过示范要让学生了解动作的结构、速度、节奏和幅度等，帮助学习者初步建立对动作的视觉表象。示范法是体育技术动作教学中最常用的教学方法，这是因为示范法最直观、最具感染力，让学生初步了解动作的完成过程的同时，又能激发学生的学习兴趣，让学生产生跃跃欲试的冲动。

1）示范法的种类。示范法的种类较多，包括完整示范、分解示范、重点示范、慢速示范、对比示范及领做示范等。不同的示范方法具有不同的特点，各种示范方法适用不同的动作学习阶段，不同示范方法的结合使用能起到事半功倍的效果。

完整示范法，是指对单个动作、联合动作或成套动作从头至尾进行示范，让学生对整体动作有所了解，形成完整的动作表象。完整示范一般用于新动作教学之前，先帮助学生建立完整的动作表象，然后结合分解示范或慢速示范，帮助学生认识和学习动作的细节。完整示范还使用一些较为简单的、难度小或不能分解的动作。

分解示范法，是指按动作的结构将动作分解成不同的部分分别进行示范。花样跳绳中有些动作难度较大，或者动作的路线较为复杂，教学时必须将动作分解成若干部分，以降低动作的难度，提高教学效果。分解示范一般用于动作的初步学习阶段。

重点示范法，是指对动作的关键和难点的示范，这种示范可以突出重点，达到引起学生注意和思考的作用。重点示范一般用于学生对动作有完整的印象后，采用重点示范，让学生在了解动作的完成过程的同时理解动作的关键点，有助于动作的掌握。

慢速示范法，是指人为地延长完成动作的时间，使动作的速度明显地慢于正常速度。放慢动作的完成速度可以使学生更清楚地看清动作的完成过程，有利于学生观察和理解动作。

对比示范法，是指针对学生在学习中出现的常见错误，用正确的示范动作与错误动作对比，以引导学生对正误动作进行比较和鉴别，强化对正确动作的理解。

领做示范法，是指学生和教师同步进行练习。适用于学生已经初步掌握动作阶段，多用于简单动作或者成套动作的练习，领做示范法可以使学生增强完成动作的信心。

2）运用示范法教学应注意的问题。动作示范的重要性不仅体现在示范的质量上，还体现在示范的时机、示范面、示范位置和不同示范方法的选择上，只有全部兼顾才能达到预期效果。

示范动作要力求技术正确，形态优美，精神饱满。既能帮助学生对动作建立起正确清晰的视觉形象，又能激发学生的学习兴趣。

选择合适的示范方法。要根据教学需要，选择合适的示范方法。例如当学生动作产生共性错误时，应选择对比示范，以引导学生对正误动作进行比较和鉴别，在选择重点示范学生出现错误的地方以达到及时纠正错的目的。此外，在运用示范时还要本着为教学服务的宗旨，过少的示范很难达到示范的作用，而过多的示范则会使学生分散学习的注意力。

选择适宜的示范面和示范位置。在示范动作时，根据动作的特点选择合适的示范面，同时要兼顾到所有学生，选择合适的示范位置。一般前后方向运动的动作应该采用侧面示范；左右方向运动的动作应该采用正面示范或背面示范，示范位置的选择应以每个学生都能看清示范动作为原则。

（2）讲解法。讲解法是教师运用语言向学生说明动作名称、做法、要领及要求等，揭示动作技术的结构和关键，以加强对动作的理解。讲解法通常与示范法结合使用，是花样跳绳教学中最主要、最普遍的教学方法。运用讲解法时应注意的问题如下：

1）要有明确的目的性和针对性，应根据教学的主要任务和解决的主要问题进行讲解。

2）讲解要运用花样跳绳术语，语言要精练，突出重点，在教授新动作前，对术语做某些必要的说明也是很重要的，这样有利于学生对动作的理解。

3）讲解必须符合学生的年龄特征、知识水平、运动和生活经验，注意应用已学过的知识讲解动作的基本原理，让学生加深对动作的理解。

4）要注意讲解与示范的合理结合，必要时可以边讲解边示范。

2. 本体感知概念的建立

（1）练习法。学生完成动作的能力是通过不断练习而逐步获得的，因此练习是动作技能形成的基本途径。通过不断地练习消除各种技术错误，进一步掌握技术细节，建立协调的肌肉运动感觉，逐步提高完成动作的协调性和节奏感，从而不断改进和提高动作质量，掌握正确的锻炼身体、增进健康、增强体质的方法。

1）完整练习法。完整法是指将单个动作或组合动作视为一个整体，学生一开始学习就进行完整动作的练习。完整练习法一般用于学习较简单或无法分解的动作。其优点是，不会人为地将动作的技术结构分隔开，保持动作的完整性，有利于学生通过练习建立完整的动作概念；局限性在于，不适合某些较难、较复杂动作的学习。

2）分解练习法。分解法是指将单个动作或联合动作分成几个有机联系的部分进行教学，待学生通过练习掌握了各部分的技术后，再将各部分组合起来，完整地进行练习。它的优点是，可以将所学的动作简化，集中精力学习某些较难的技术环节，使学生容易入手并较快地掌握动作技术；不足之处在于，容易割裂各部分之间的内在联系，破坏动作之间的结构，不利于学生形成完整的动作概念。为了提高教学效果，运用分解法时应注意以下几点：对于一些较简单的动作可以不必将它们分解开进行学习，以免降低学习效率；在采用分解法以前，应深入分析动作的技术结构，以便科学地对动作进行分解；分解练习的时间不宜过长，否则容易造成动力定型而导致完整练习时技术不连贯；分解法的最终目的还是让学生掌握完整的动作，因此运用分解法时应注意与完整法的合理配合，使二者相互促进。

3）重复练习法。重复练习法是指在相对固定的条件下，不改变动作的结构，按照动作的要领反复练习。这种方法在单个动作、联合动作或成套动作练习中均可采用。重复练习法可分为连续重复练习法和间歇重复练习法。

连续重复练习法，是指每次练习之间没有间歇，连续不断地做相同的一个动作、联合动作或成套动作。例如，连续挽花跳，连续做十个八爪鱼。采用连续重复练习法不仅可以促进动作技能的巩固和提高，还可以发展学生的专项素质，增强学生的体质。

间歇重复练习法，是指在重复练习的过程中有相对固定的间歇时间，间断性地反复进行一个动作或一套动作的练习。间歇时间的长短取决于教学的任务、负荷量的大小和学生的特点。此种方法有利于对动作的技术进行精挑细刻。

运用重复练习法应注意以下问题：①注意防止错误动作的重复；②在运用连续重复练习法时，应按学生的实际能力确定连续练习的次数，连续做的次数过多，不仅影响动作技能的巩固，还可能危害学生身体健康；③运动负荷不应太大，以免引起疲劳，降低动作质量。

（2）及时纠正错误法。花样跳绳内容丰富，技术动作复杂，学生在学习的过程中，难免会产生这样或那样的错误动作，如不及时纠正，就会形成错误定型动作。因此，在花样跳绳的教学中，教师应注意及时发现学生的错误动作，并采取积极有效的措施来预防与纠正错误。

要避免学生出现错误动作，首先要分析错误产生的原因。通常产生错误的主要原因有以下几种：①学生不明确学习目的，积极性不高，练习不认真，怕苦怕累，缺乏信心，怕受伤，有畏难情绪等；②学生对所学动作的概念、任务不明，对完成动作的要领、方法不清，或受旧技能的干扰等；③学生一般身体训练水平及基本技术跟不上；④教材内容不符合学生的实际程度，安排欠妥，组织教法不当；⑤教学环境与条件的影响等。针对上述产生错误的主要原因，教师应采取相应的预防与纠正错误的方法。

实践证明，若过多地让学生听讲解、看示范，而缺乏必要的实践练习，则学生对新动作建立的概念是极不完全的，有时甚至是错误的。这种情况的出现，随着学生年龄的减小而越来越严重。反之，若讲解、示范的信息量不足、不准确，而只强求学生多练，也会使学生难于理解动作技术和主要做法。因此，教师在花样跳绳的教学中，必须正确地把握"外部信息"和"内部感知"这两个既有区别而又紧密相连的教学过程，以利于学生建立准确、清晰的动作概念。

（三）花样跳绳动作技术教学的一般程序

1. 准备运动

用花样跳绳的基本动作配合音乐完成，如双脚跳、双脚交替跳、开合跳、跑步跳等比较柔软的动作，使身体发热、肌肉放松，增加血液循环及肺通气量，以预备适应剧烈的主运动，时间以 8~10 分钟最适宜。当身体发热、肌肉舒展后，活动主要关节，拉伸肌肉和韧带。

2. 示范说明

动作示范是花样跳绳教学必须经历的教学过程之一，对初学者尤为重要，教师首先应选择适当的位置，为使全体受教者一目了然，教者应站在三角形的顶点，做正面、背面和侧面的动作示范。同时更应指出动作的要点、动作与动作的连接，以便学生模仿与练习。说明的内容包括花样跳绳的内容、历史、特点、结构等。动作说明应该在教授动作之前。说明应简明扼要，最多不超过 8 分钟。

3. 尝试练习

在教师对动作的做法、要领、结构等进行讲解示范后，学生进行尝试练习，感受动作的做法。在此阶段，教师要注意观察学生的学习情况，注意发现学生在学习过程中遇到的问题或出现的错误。

4. 研究改正

只有正确规范的动作，才能给人以美的感受，但动作或姿势是否正确，哪里有问题，自练习者是不容易感觉出来的，所以教师要善于帮助学生改正姿势，这也是花样跳绳教学最重要的过程。改正姿势的方法，可由教师个别改正、学生之间互相改正或者教师集体纠正，根据学习时间的多少以及对象技术水平的差异，选择适当的方法。此阶段必要时可与尝试练习合二为一，采取一面练习，一面改正错误的方法。

5. 分组练习

书读百遍其义自见，运动技术的获得也是如此，所以反复练习才是运动技术习得的关键。分组练习应在尝试练习和研究纠正后，通过完善动作细节，提高学生完成动作的准确性、熟练性和优美性。

6. 结束总结

由老师带领做简单的放松活动，以使身体各器官逐渐恢复正常状态，放松活动结束后全体集合，教师总结学生学习的情况，重点说明学生容易出现的错误及自我练习中应该注意的问题。

（四）花样跳绳学习中易犯错误与纠正方法

（1）绳子长度不对，跳绳之前没有调节绳子的长度，就直接开始练习。绳子太长或太短，都不利于跳绳动作技术的完成，而且有可能因为绊到绳子引起意外事故。

纠正方法：教学时一定要强调调整绳子长度的重要性，保证每个学生都知道如何调节绳子的长度以及什么长度的绳子适合自己。

（2）摇绳时大臂打开，用整个手臂摇绳。这是初学者常见的错误，一直保持大臂打开摇绳的动作不纠正的话，容易引起肩部及肩周围肌肉酸痛。

纠正方法：首先，要严格要求学生采用正确的摇绳技术，大臂自然下垂贴于肋骨，摇绳过程中运用手腕的力量，其余部位保持相对静态；其次，要让学生明白摇绳时大臂打开可能对身体带来的危害。

（3）双脚跳跃过绳时腾空过高。腾空过高会增加落地时地面对下肢的冲击力，而且腾空到落地花费的时间较长，影响跳绳的速度。

纠正方法：从简单的动作开始，循序渐进；采用重复练习法，帮助学生建立正确的时空感觉。

（4）双摇练习时勾脚尖。

纠正方法：采用分解练习法，刚开始学双摇的时候，不要连续双摇，采用双摇与单摇结合循环练习的方法。

（5）动作结束后直接停下，没有注意绳子可能存在的潜在危险。

纠正方法：加强思想教育，要求学生跳绳时每一次技术动作都需将绳子摇至身体前方，停在脚下。

五、跳绳运动损伤的处理

在体育运动中发生的损伤统称为运动损伤。运动损伤的发生，大都不是偶然。了解花样跳绳运动损伤发生的原因，可以有效预防和避免运动损伤的发生，把运动中发生损伤的概率降到最低。

（一）花样跳绳运动损伤出现的主要原因

1. 跳绳场地选择不恰当

在选择跳绳场地时，要选择平整、干净、无安全隐患的场地，场地要有足够的空间，以免引起不必要的伤害事故。此外，还要注意场地不要太硬，最适宜跳绳运动的场地是，软硬适中的草坪、木质地板、泥土地或者塑胶运动场，硬性水泥地、硬瓷砖地、大理石地面太硬，落地缓冲性不好，对下肢的冲力较大，长时间在太硬的地面跳绳，容易引起踝关节、膝关节、脚底肌肉的劳损。

2. 准备活动不当

准备活动的目的是，帮助骨骼、肌肉和心肺系统进入到运动状态。准备活动不充分或未做准备活动，身体各系统没有进入工作状态就开始剧烈的运动极易造成肌肉拉伤，严重会出现运动猝死的现象；而准备活动量过大又会产生身体疲惫感，当进入基本部分的练习时也容易出现运动损伤。

3. 动作技术错误

花样跳绳是一项技巧性较强的运动，练习时需要全身上下肌肉关节协调配合。某一个环节的错误技术都会对整个动作质量产生影响，同时可能引起不必要的运动损伤。比如，有些练习者腾空太高，落地时全脚掌落地，这样对脚踝、膝盖和足弓的影响较大；手握绳柄太紧，容易引起桡骨侧肌肉劳损。所以，因为初学者一定要注意掌握正确的跳绳运动技术，不要急于求成。

4. 急于学习高难度动作

花样跳绳难度动作的掌握建立在一定的技术和身体素质基础之上。在没有熟练掌握基础动作的时候，急于学习高难度动作，极易造成运动损伤。花样跳绳技术动作的学习要循序渐进，先易后难，打好基础是关键。

5. 服装、鞋子及配饰的影响

在进行体育锻炼时要穿适合的运动衣裤和运动鞋，适合的运动衣裤和运动鞋有助于动作的完成。尽量不佩戴项链等配饰，以免配饰打伤自己、他人或掉落；女生需将头发扎起，头发较长的女生可以将头发挽起，以免头发挡住视线或缠住绳子。

（二）花样跳绳的运动损伤及处理

1. 小腿肌肉酸痛

小腿肌肉酸痛是体育锻炼中比较常见的问题，一般经常参加锻炼的人不易出现此类损伤。长时间没有参加体育锻炼者，突然剧烈或长时间运动会出现小腿肌肉酸痛的症状，一般休息一段时间后会自行恢复。

（1）症状：小腿后腓肠肌、比目鱼肌的肿胀和疼痛；跟腱紧张或疼痛。

（2）原因：初学花样跳绳期间或长时间中断后，练习跳绳急于求成、过度锻炼；体重过大；在硬性场地跳绳。

（3）处理方法：减小跳绳运动量，严重者可停止跳绳，继续跳绳会加重运动损伤的程度；用冰敷疼痛部位可以降低疼痛感，冰敷大约20分钟即可；咨询医生或自己的教练，做些功能性恢复训练。

（4）预防措施：练习花样跳绳之前，先进行热身运动，以提高体温，然后要适当拉伸腿部、脚踝肌肉韧带；循序渐进加大运动负荷；在适当的地面跳绳。

2. 脚底筋膜炎

脚底筋膜炎是指脚底的肌肉受到外力的冲击或者长时间的走路、跑步等引起局部肌肉劳损表现。另外，鞋跟太硬造成对脚跟的压迫，也能引起足底筋膜炎。

（1）症状：足底浅层肌肉和组织的肿胀、发红、酸痛，脚跟疼痛，跟腱红肿。如不及时采取处理措施，会持续几个月至两三年之久。

（2）原因：足底筋膜炎的产生常常是因为跳绳时的落地动作错误，用全脚掌落地，或者腾空过高增加了地面对脚底的冲力；运动过多也会引起脚底肌肉酸痛，最终形成脚底筋膜炎。

（3）处理方法：采用康复治疗法，包括脚跟、脚底肌肉的拉伸，穿着带有足弓支撑的鞋垫或者穿鞋时在足弓处放置支撑物用以帮助分散足底的压力，或咨询医生药物治疗。

（4）预防措施：练习跳绳之前，要进行热身运动，结束后要放松；练习的时候应穿质地软、重量轻、弹力好的高帮鞋，有助于保护脚踝和足弓；选择平整、干净的练习场地。

3. 小臂酸痛

小臂酸痛是花样跳绳运动中常见的运动损伤，尤其是初学者初次参加跳绳运动，摇绳过多，会引起手臂肌肉的酸痛，一般经过一段时间的适应后会自行消除。

（1）症状：小臂上部屈肌的肿胀和酸痛。

（2）原因：平时手臂部位锻炼太少；跳绳时双手握绳太紧。

（3）处理方法：对小臂肿胀和酸痛处进行冷敷，治疗期间减少每次跳绳的持续时间。

（4）预防措施：用双手的拇指和食指握绳，握绳时不要用力太紧；摇绳时尽量用手腕的转动带动绳子的摇动；在进行花样跳绳练习之前和之后，都要注意拉伸小臂肌肉。

4. 踝关节扭伤

在练习时跳起落地失去平衡，使踝关节过度内翻或外翻致伤。在准备活动不充分、场地不平坦或技术动作错误的情况下，更易造成这类损伤。

（1）症状：踝关节伤处疼痛、肿胀、皮下淤血，韧带损伤处有明显压痛。

（2）原因：场地不平或者存在障碍物；动作技术错误。

（3）处理方法：在运动中踝关节扭伤要立即终止运动，冷敷受伤部位，然后用绷带固定包扎，以免再次扭伤，休息时将患肢抬高，减缓伤处的血液循环，以免淤血扩散。

（4）预防措施：练习跳绳之前，要进行热身运动，结束后要放松肌肉和关节；掌握正确的动作技术，脚尖和脚跟协调用力；选择适合的场地。

5. 膝关节劳损

花样跳绳动作的表现形式主要是跳跃，连续蹬地跳跃落地的动作有助于锻炼下肢脚踝、膝关节和小腿后肌肉的力量，而错误的技术动作，则有引起膝关节劳损的危险，所以跳绳时要注意学习正确的技术动作。

（1）症状：膝关节肿胀、疼痛，关节囊内滑液增多，严重者活动关节会有响声。

（2）原因：通常是摇跳时勾脚，脚跟或全脚掌落地，不注意落地缓冲等错误的跳绳技术。

（3）处理方法：停止伤肢的剧烈运动，咨询医生进行治疗。

（4）预防措施：掌握正确的跳绳技术，腾空落地时前脚掌先落地，然后过渡到全脚掌同时膝关节微屈，以减少落地冲击力对下肢各关节的影响。

第四节　花样跳绳的创意案例

花样跳绳通过各种元素的开发，让更多的人融入花样跳绳运动，喜欢花样跳绳。许多花样跳绳的创意都是在不经意中玩出来的。在现代学校课堂中，"小绳子，大花样"体现了许多教育者的智慧和经验。下面摘录几段形式各异的学校阳光体育案例。

一、阳光体育"两人一绳"实施方案

（一）活动地点

学校操场。

（二）参与人群

全校学生。

（三）活动时间

20 分钟。

（四）队形组织形式

（1）将学校操场分成若干场地，以班级为单位。

（2）每个班级分成两路纵队，前后间隔 1.5m，两人共同持一根绳子。

（3）其他说明：不同的环节可用不同音乐来指挥，方便学生明确内容。

（五）教学要求

（1）根据不同的音乐转换不同的跳绳内容。

（2）学生应在指定地点进行跳绳活动，避免干扰其他同学。

（3）根据学校的场地安排，有效开展活动。

（4）根据学校的实际情况制订相应的比赛机制。

（六）实施内容

1. 准备部分（9分钟）

（1）3分钟在操场集合完毕。

（2）两人摇绳速度跳。

（3）两人配合拉伸。

2. 基本部分（9分钟）

（1）两人面对面摇绳练习。

（2）一人连续跳，一人摇绳；然后交换角色，继续练习。

（3）两人依次跳后面对面摇跳，重复练习。

（4）两人并肩跳。

（5）换位跳。

（6）两人合作双飞跳。

3. 结束部分（2分钟）

（1）两人互相拉伸。

（2）排队回教室。

（七）教学建议

（1）根据跳绳教材调整基本部分的内容。

（2）全校学生进行的内容与节奏保持一致。

（3）根据学校的情况通过音乐节奏控制跳绳的速度。

（4）合理利用学校的场地，有序地组织活动。

（八）教学评价

（1）根据学生技术的掌握和完成情况进行评价。

（2）根据学生参与活动人数进行评价。

（3）教师口头评价为主，学生可以进行辅助评价。

二、阳光体育个人绳案例

（一）时间

大课间 20 分钟。

（二）要求

（1）人手一根短绳。

（2）按班级划分区域，保证足够大的场地。

（3）整个活动配以音乐，时间 20 分钟，按活动流程配不同音乐，学生根据音乐变化不同的动作进行练习。

（三）活动流程

（1）准备部分（3 分钟）：全体集合整队，准备活动。

（2）单绳集体步伐（2 分钟）：8 个动作：开合跳、弓步跳、前后跳、左右跳、提膝跳、踢腿跳、交叉跳、360 度转身跳，每个动作做一个 8 拍，完成两遍，一共 6 个 8 拍。

（3）过渡阶段（2 分钟）：稍作休息后进行 2 个动作，左右侧打摆绳和前后打，每个动作做 2 个 8 拍。

（4）30 秒速度跳（3 分钟）：分两个小组进行练习，每小组完成两次 30 秒速度跳。

（5）个人创编（5 分钟）：根据自己的技能和体能调整练习与休息时间，并创编跳绳的方法。

（6）集体双摇跳（2 分钟）：分两个小组进行练习，每小组完成两次 30 秒双摇跳。

（7）放松结束及退场（2 分钟）。

（四）放松绳操

踢腿运动、体侧运动、体转运动、体前屈，集合整队退场。

（五）注意事项

（1）跳绳时学生之间的距离合适，不要相互影响。

（2）流程中每块内容可根据自己学校的特点进行修改。

三、阳光体育配合跳绳案例

（一）时间

大课间 20 分钟。

（二）要求

（1）人手一根短绳。

（2）按班级划分区域，保证足够大的场地。

（3）整个活动配以音乐，时间为 20 分钟，按活动流程配上不同的音乐，学生根据音乐变化不同的动作进行练习。

（三）活动流程

（1）准备部分（3 分钟）：全体集合整队，准备活动。

（2）带人跳、并肩跳（5 分钟）：尝试不同的带人跳动作，要求每人都要带人跳和被带。然后开始 1 分钟并肩跳，分两组完成。

（3）"时空穿梭"分组比赛（5 分钟）：前 2 分钟进行练习，后 3 分钟进行"时空穿梭"比赛。

（4）车轮跳（5 分钟）：前 2 分钟进行各种车轮跳练习，后 3 分钟进行车轮跳跑接力比赛。

（5）放松结束及退场（2 分钟）：放松绳操：踢腿运动、体侧运动、体转运动、体前屈，集合整队退场。

（四）注意事项

（1）跳绳时学生之间的距离合适，不要相互影响。

（2）流程中每块内容可根据自己学校的特点进行修改。

四、阳光体育长绳实施方案

（一）活动地点

学校操场。

（二）参与人群

全校学生。

（三）活动时间

20 分钟。

（四）其他

每个班级在指定区域内活动。

（五）组织形式

（1）将学校操场分成若干场地，以班级为单位。

（2）每个班级在指定的区域参与活动，班级可以分成若干个小组。

（六）教学要求

（1）根据不同的音乐转换不同的跳绳内容。

（2）学生应在指定地点进行跳绳活动，避免干扰其他同学。

（3）根据学校的场地安排，有效地开展活动。

（4）根据学校的实际情况制订相应的比赛机制。

（七）实施内容

1. 准备部分（8 分钟）

（1）4 分钟在操场集合完毕。

（2）体育委员带领全班进行拉伸练习。

2. 基本部分（7 分钟）

（1）长绳绕"8"字。

（2）集体跳大绳。

3. 结束部分（5 分钟）

（1）拉伸放松。

（2）排队回教室。

（八）教学建议

（1）根据跳绳教材内容调整基本部分的内容。

（2）全校学生进行的内容与节奏保持一致。

（3）根据学校的掌握情况通过音乐节奏控制跳绳的速度。

（4）合理利用学校的场地，有序地组织活动。

（九）教学评价

（1）对每个班级的创意进行评价。
（2）根据学生对技术的掌握和完成情况进行评价。
（3）根据学生参与活动人数进行评价。
（4）教师口头评价为主，学生可以进行辅助评价。

五、阳光体育集体短绳活动实施方案

（一）时间

20 分钟。

（二）活动要求

（1）将学校操场分成若干场地，全校学生以班级为单位，人手一根短绳。
（2）每个班级分成一路或两路纵队，前后间隔 1.5m。
（3）不同的环节可用不同音乐来指挥，方便学生明确内容。

（三）教学要求

（1）根据不同的音乐转换不同的跳绳内容。
（2）学生应在指定地点进行跳绳活动，避免干扰其他同学。
（3）根据学校的场地的安排，有效地开展活动。
（4）根据学校的实际情况制订相应的比赛机制。

（四）实施内容

1. 准备部分（9分钟）

（1）4 分钟集合到位。
（2）随着音乐节拍并脚跳。
（3）绳操拉伸。

2. 基本部分（6分钟）

（1）随着音乐各完成一个 8 拍的两弹一跳、一弹一跳、开合跳、弓步跳，重复两遍。

（2）左右"8"字绕绳、左右中跳一次、左右"8"字绕绳跳、左右"8"字绕绳跳两次各完成一个 8 拍，重复两遍。

（3）随着音乐各完成一个 8 拍的脚跟跳、脚尖跳、前后跳、左右跳，重复两遍。

（4）原地踏步 4 个 8 拍。

（5）连续双飞。

3．结束部分（5 分钟）

（1）绳操拉伸放松。

（2）排队回教室。

（五）教学建议

（1）根据跳绳教材内容调整基本部分的内容。

（2）全校学生进行的内容与节奏保持一致。

（3）根据学校的情况通过音乐节奏控制跳绳的速度。

（4）合理利用学校的场地，有序地开展活动。

（六）教学评价

（1）根据学生技术的掌握和完成情况进行评价。

（2）根据学生参与情况进行评价。

（3）教师口头评价为主，学生可以辅助评价。

六、阳光体育长绳花样案例

（一）时间

20 分钟。

（二）教学要求

（1）人手一根短绳，长绳每 5 人一根，每个班级不少于 6 根。

（2）按班级划分区域，保证足够大的场地。

（3）按活动流程配不同的音乐，学生根据音乐变化进行不同的动作练习。

（三）活动流程

（1）准备部分（3分钟）：全体集合整队，准备活动。

（2）"乘风破浪"（4分钟）：12人一组，每组两根绳，4人轮换摇绳，其他人跳绳。

（3）10人一组单长绳绕"8"字（3分钟）：考虑到人数不稳定，跳的人可相应地增加或减少，关键是保证两个人摇绳，其他人员作为跳绳者进行跳绳。

（4）"三角形"（3分钟）：至少6人一组，3人摇绳，3人跳绳，尝试不同动作或绳中绳。

（5）交互绳（5分钟）：尝试各个方向的进出绳、绳中绳，交互绳同样也可以绕"8"字比赛。

（6）放松结束及退场（2分钟）：放松绳操：踢腿运动、体侧运动、体转运动、体前屈，然后集合整队退场。

（四）注意事项

（1）跳绳时学生之间的距离合适，不要相互影响。

（2）流程中每块内容可根据自己学校的特点进行修改（表5-1）。

表5-1　量化评价

项目	30秒单摇/次数	30秒双摇/次数	个人花样/次数	等级级别
成绩	60	10	10	合格
成绩	70	20	13	较好
成绩	80	30	17	良好
成绩	90	40	20	优秀
成绩	100	50	24	达人
成绩	110	55	28	三星达人
成绩	120	60	30	五星达人
成绩	140	70	32	跳绳王

第六章　激情竞技之组织花样跳绳

跳绳比赛是练习者通过身体练习、合作协同进行竞赛的综合性体育活动，具有广泛的大众参与性。它适合在不同年龄、性别、运动水平的中小学生中开展，能够培养学生团结合作、努力拼搏的集体主义精神，发展学生的力量、灵敏性、协调性等身体素质和跳跃能力，改善学生的心理状态，同时其趣味性、竞争性、创新性对青少年有很大的吸引力。

竞争性赋予了跳绳比赛强大的生命力，而跳绳的竞争性只有通过比赛才能表现出来。所以，比赛在跳绳特别是竞技跳绳中具有举足轻重的地位。由于跳绳比赛具有能够反映体育本质属性的特殊功能，首先必须对跳绳比赛的意义、作用有比较清楚的认识，只有这样才能充分发挥跳绳比赛的作用，抓好学校课余体育训练乃至整个学校体育工作。

第一节　花样跳绳的竞技意义

一、丰富和活跃体育文化

体育文化离不开体育活动，而跳绳比赛作为一种简便易行的体育活动，增进了不同地域之间人们的相互了解和彼此之间的友谊，这对于丰富和活跃体育文化具有重要的意义。

二、增强参与者体质、激发拼搏精神

跳绳有利于发展参与者的力量、灵敏性、协调性等身体素质和跳跃能力，有益于人体器官发育，可以增强人体体质。在比赛场上的奋力拼搏，能够激发人们拼搏向上、开拓进取的时代精神，这对培养符合时代需求的"四有"人才具有重要的意义。

三、促进群众性体育活动的普及和提高

通过跳绳比赛，能有效地推动群众性体育活动的普及和提高，吸引更多的人参加体育活动，从而起到活跃和丰富人们的文化生活、改善生活方式、提高生活质量的重要作用。

四、增加团队之间的凝聚力

跳绳比赛可以很好地激发人们的爱国热情，弘扬民族精神，增加国家与民族的凝聚力，组织跳绳比赛本身就是一种增加团队之间凝聚力的重要形式。

第二节　花样跳绳的竞技种类

一、大型跳绳比赛

（一）国际跳绳比赛

当今世界性的跳绳比赛主要有世界跳绳锦标赛、欧洲跳绳锦标赛、亚洲跳绳锦标赛、跳绳世界杯，另外还有一些国家之间的大型邀请赛。这类比赛通常只进行跳绳这一个项目的比赛，比赛旨在交流和总结花样跳绳教学与训练的经验，增加比赛的机会，促进运动技术水平的提高。世界跳绳锦标赛，从 1997 年开始，每两年举办一届，迄今为止已经举办了 12 届。世界跳绳锦标赛的举办促进了世界各国之间花样跳绳运动的交流，极大地提高了世界花样跳绳运动的发展水平。

（二）国内跳绳比赛

目前，我国的大型跳绳比赛主要有全国跳绳联赛总决赛、全国跳绳锦标赛、全国跳绳公开赛、少数民族运动会跳绳比赛、各省市运动会的跳绳比赛等。花样跳绳在我国发展较晚，国家体育总局于 2007 年在广州市举办了全国第一届跳绳公开赛，而全国跳绳公开赛的举办是我国花样跳绳的发展像其他体育项目一样走向正规化、快速发展的开始。

二、小型跳绳比赛

（一）校运会跳绳比赛运动会

校运会跳绳比赛运动会是指非单一运动项目在同一时期内进行的比赛。在中小学一般有春、秋季运动会，学校运动会极大地渲染了学校文化氛围。跳绳比赛是一个简便易行的项目，学校根据具体情况设置比赛内容、规则，灵活控制比赛，重在调动大家参与这一项目的积极性。

（二）跳绳对抗赛、邀请赛、友谊赛等

友谊赛、对抗赛是几个单位联合组织、按照同等条件参加的比赛，如学校之间、班级之间的比赛。这种比赛的主要目的是为了相互学习、交流经验、检查训练工作等。跳绳友谊赛、对抗赛为参赛者搭起经验交流、切磋技艺的平台，有利于跳绳水平的不断提高。

（三）表演赛

表演赛是专门为举行庆祝或纪念活动以及进行慰问而组织的一种宣传性表演或比赛。跳绳表演赛可以起到宣传和普及推广跳绳运动的作用，为观众提供了观看的机会，也有利于竞赛、表演市场的开发。

第三节　花样跳绳的竞技规则

一、宗旨与目的

（一）宗旨

为了促进中国跳绳运动的推广和普及，推动跳绳运动的规范化发展，加快与国际跳绳运动的接轨和融合，更好地为全民健身事业服务，促进阳光体育大课间的实施，特制定本规则。

（二）目的

（1）为中国跳绳运动竞赛提供客观、统一的竞赛标准（组织方）。

（2）为裁判员公平、公正、公开评判执裁提供客观依据（裁判方）。

（3）为参赛者提供赛前训练和参赛的指导标准（教练和队员方）。

二、跳绳比赛的组织

（一）跳绳比赛的一般程序

如何组织安排跳绳比赛直接关系到比赛能否有序进行、运动员能否正常发挥等，比赛程序安排得好可以事半功倍，反之则事倍功半，甚至会干扰比赛的正常进行。因此，我们必须严格按照科学的程序进行组织安排。

1. 明确比赛的目的

组织安排跳绳比赛，首先必须明确比赛的目的，不同的比赛目的，应该有不同的安排。大型的竞技跳绳比赛，最终目的是为了获得优胜；而小型的跳绳比赛则旨在凸显跳绳的健身功能、经验交流、活跃体育文化氛围。

2. 确定比赛时间、地点及比赛方法

比赛方法要根据此次比赛的性质、规模、参加人数、裁判人数、场地设备等具体条件来确定。选择比赛地点要考虑到当地的气候、设备和交通等条件，还必须指出是室外或室内。比赛时间、地点、比赛具体方法及项目应提前不少于 3 个月下发到各个参赛单位和有关部门，以便各参赛者和有关部门提前做好参赛准备。

3. 参赛者条件

参加者的条件（政治条件、运动技术水平、健康条件等）要根据比赛的性质、规模来规定。

4. 成立比赛组织机构

竞赛的组织机构应根据比赛规模的大小，成立相应的组织机构。对涉及单位较多的比赛，通常由主办单位确定组委会人员的构成，一般包括主办单位负责人、赞助单位领导、上级领导机关代表、有关知名人士和组委会总裁判长。

5. 运动员报到

运动员报到的地点、时间、方式要精准，根据实际情况灵活调控。

6. 比赛计划的实施

严格按照竞赛规程实施比赛计划，要符合比赛的具体事项和要求。

7. 竞赛结束工作

竞赛结束后，要编制和印发总的比赛成绩表，对比赛技术资料进行处理和归档，对比赛器材设备进行整理，办理参赛队伍的离会手续，对竞赛的收支进行结算，对竞赛工作进行总结等。

（二）竞赛的组织机构

根据竞赛规模的大小不同，其组织机构的设置和人员多少，亦可有所不同。大型比赛组织委员会下设仲裁委员会、宣传组、竞赛组、裁判组、后勤组、保卫组、场地组、器材组等。基层举办小型比赛，组织机构的设置和人员的配备应力求精简。一般中小型或基层比赛，只需成立竞赛领导小组即可，下设编排记录组、场地器材组、裁判组。

（三）竞赛规程的制订

竞赛规程应根据有关竞赛计划，结合竞赛规模、目的、任务和主办单位的具体条件进行制订。竞赛规程是比赛的指导性文件，其文字应简明、准确，使参赛单位不致产生误解。竞赛规程一般包括下列内容。

（1）比赛的名称。

（2）比赛的目的和任务。

（3）比赛的日期和地点。

（4）参赛单位。

（5）比赛的项目（内容）。

（6）比赛办法。

（7）参赛者的人数及条件限制等规定。

（8）评分办法。

（9）名次录取及奖励办法。

（10）报名及报到的方式、日期、地点。

（11）注意事项。

（12）其他未尽事宜由承办方单位另行通知。

竞赛规程制订好以后，一般提前 3 个月下发，竞赛规程总则和单项竞赛规程的内容可灵活安排，写详细些。基层比赛时，只要把名称、日期、地点、参加单位、竞赛项目及分组、参加人数、竞赛办法、奖励办法写清即可，其他都可省略。竞赛规程要提前下发至各参赛队，以便作为各参赛队训练和比赛的依据。

（四）比赛的运作

1. 编印秩序册

在确定比赛顺序和比赛场次后，总记录组应尽快编印秩序册，其主要内容包括：竞赛规程、组委会或竞委会、大会办事机构、仲裁委员会、裁判委员会、裁判员名单、参赛单位、大会活动日程安排、竞赛日程或比赛顺序、比赛场地示意图等。

2. 组织裁判学习

赛前首先由总裁判长对裁判员进行裁判分工。然后，用一天的时间学习竞赛规程和评分规则，统一评分标准，到现场观看训练并进行试评。

3. 做好场地和器械的准备工作

赛前应设计和复印裁判员评分表、比赛成绩记录表等竞赛用的表格，做好画场地、钉标记、安装音响设备等后勤工作。同时，准备好裁判评分用具。

4. 比赛与发奖

为保证比赛的顺利进行，大会与裁判组工作要协调配合，统一指挥，衔接紧凑。比赛结束应及时当众发奖，发奖仪式应简短而热烈，以达到良好的宣传效果。

三、跳绳竞赛主要规则

第一章 总则

第一条 宗旨

为促进中国跳绳运动的推广、普及与规范发展，弘扬民族传统体育文化，加快跳绳运动的国际化发展进程，推动全民健身、阳光体育运动的深入开展，特制定本规则。

第二条 目的

一、为中国跳绳运动竞赛提供客观、统一的竞赛标准。

二、为裁判员公平、公正、公开评判执裁提供客观依据。

三、为参赛者提供赛前训练和参赛的指导标准。

第三条 竞赛性质及种类

一、性质：本规则适用于由国家体育总局社会体育指导中心组织的正式赛事活动。

二、种类：全国跳绳联赛、全国跳绳冠军赛暨年度总决赛、全国跳绳锦标赛、全国跳绳联赛分站赛、全国青少年跳绳锦标赛、全国跳绳大众锻炼标准规定赛。

第四条 解释权

一、本规则是中国开展跳绳运动的规范性文件，解释权属国家体育总局社会体育指导中心。

二、本规则自颁布之日起在全国各级、各类竞赛中执行。

第二章 竞赛通则

第一条 竞赛项目

一、计数赛

（一）30 秒单摇跳。

（二）30 秒双摇跳。

（三）3 分钟单摇跳。

（四）连续三摇跳（12 周岁以上）。

（五）4×30 秒单摇接力。

（六）4×45 秒交互绳单摇接力。

（七）30 秒交互绳速度跳。

（八）3 分钟 10 人长绳 "8" 字跳。

（九）3 分钟 10 人长绳集体跳。

（十）30 秒一带一单摇跳。

（十一）30 秒两人协同单摇跳。

（十二）30 秒三人和谐单摇跳。

（十三）30 秒间隔交叉单摇跳。

二、花样赛

花样赛初级只记录 2 级动作，中级只记录 3 级动作，高级只记录 4 级动作。当做出高级别难度动作时，只当作所报参赛级别难度动作，且时间均为 45~75 秒；精英级比赛难度记录同国际标准，时间为 60~75 秒；初、中级音乐固定，高级和精英级音乐自选。

新手运动员指第一次参加某个赛事，在同一个赛事周期内可以报新手组，如联赛周期内，分站赛和总决赛为一个赛事周期，第一次参赛都可报新手组，但是下个赛事周期此运动员就不能报新手组。

（一）个人花样

1. 个人花样自选初级（2 级动作，45~75 秒，固定音乐），仅限新手运动员；

2. 个人花样自选中级（3 级动作，45~75 秒，固定音乐）。

3. 个人花样自选高级（4 级动作，45~75 秒，自配音乐）。

4. 个人花样自选精英级（国际标准，60~75 秒，自配音乐）。

（二）两人同步花样（每人一绳）

1. 两人同步花样自选初级（2 级动作，45~75 秒，固定音乐），仅限新手运动员。

2. 两人同步花样自选中级（3 级动作，45~75 秒，固定音乐）。

3. 两人同步花样自选高级（4 级动作，45~75 秒，自配音乐）。

4. 两人同步花样自选精英级（国际标准，60~75 秒，自配音乐）。

（三）四人同步花样（每人一绳）

四人同步花样自选精英级（国际标准，60~75 秒，自配音乐）。

（四）两人车轮跳花样

1. 两人车轮跳花样自选初级（2 级动作，45~75 秒，固定音乐），仅限新手运动员。

2. 两人车轮跳花样自选中级（3 级动作，45~75 秒，固定音乐）。

3. 两人车轮跳花样自选高级（4 级动作，45~75 秒，自配音乐）。

4. 两人车轮跳花样自选精英级（60~75 秒，自配音乐）。

（五）三人交互绳花样

1. 三人交互绳花样自选初级（2 级动作，45~75 秒，固定音乐），仅限新手运动员。

2. 三人交互绳花样自选中级（3 级动作，45~75 秒，固定音乐）。

3. 三人交互绳花样自选高级（4 级动作，45~75 秒，自配音乐）。

4. 三人交互绳花样自选精英级（国际标准，60~75 秒，自配音乐）。

（六）四人交互绳花样

四人交互绳花样自选精英级（国际标准，60~75 秒，自配音乐）。

三、大师赛和团体赛

在计数赛、花样赛的基础上设置大师赛和团体赛，所有花样类项目只限精英级项目列入大师赛、团体赛总分，分别为：

大师赛：30秒单摇、3分钟单摇、个人花样。

团体赛：4×30秒单摇接力、4×45秒交互绳单摇接力、两人同步花样、四人同步花样、三人交互绳花样和四人交互绳花样。

四、集体自编赛

（一）小型集体自编：3~7人，2分30秒至3分钟，自配音乐。

（二）大型集体自编：8~16人，4~8分钟，自配音乐。

五、规定赛

（一）个人绳规定套路初级。

（二）个人绳规定套路中级。

（三）个人绳规定套路高级。

（四）车轮花样规定基础套路。

（五）车轮花样规定提高套路。

（六）交互绳花样规定基础套路。

（七）交互绳花样规定提高套路。

六、传统特色项目

（一）一对一对抗赛（杀刀）。

（二）广场绳舞规定套路。

七、跳绳强心积分挑战赛

（一）800个计时赛。

（二）2400个计时赛。

（三）4800个计时赛。

第二条　竞赛分组

一、按性别分组

（一）个人项目按男、女设组。

（二）2~4人（含四人）按男、女、混合设组。

（三）5人以上项目按不限性别设组。

二、类型分组

（一）全国联赛、总决赛年龄分组

1. 公开组：所有符合年龄要求的运动员均可报名参赛。

1.1 公开幼儿组：（5~6周岁）。

1.2 公开儿童组：

（1）公开儿童丙组（7~8周岁）。

（2）公开儿童乙组（9~10周岁）。

（3）公开儿童甲组（11~12周岁）。

（4）公开儿童丁组（7~12周岁）。

1.3 公开少年组：

（1）公开少年丙组（13~14周岁）。

（2）公开少年乙组（15~16周岁）。

（3）公开少年甲组（17~18周岁）。

（4）公开少年丁组（13~18周岁）。

1.4 公开青年组：

（1）公开青年丙组（19~35周岁；体育院系）。

（2）公开青年乙组（19~35周岁；普通院校）。

（3）公开青年甲组（19~35周岁；高职高专）。

（4）公开青年丁组（19~35周岁）。

1.5 公开成年组：

（1）公开成年丙组（36~45周岁）。

（2）公开成年乙组（46~55周岁）。

（3）公开成年甲组（55周岁以上）。

2. 俱乐部组：只有在中国跳绳官网注册的星级俱乐部才有资格组织运动员报名参赛。

2.1 俱乐部幼儿组：（5~6周岁）。

2.2 俱乐部儿童组：

（1）俱乐部儿童丙组（7~8周岁）。

（2）俱乐部儿童乙组（9~10周岁）。

（3）俱乐部儿童甲组（11~12周岁）。

（4）俱乐部儿童丁组（7~12周岁）。

2.3 俱乐部少年组：

（1）俱乐部少年丙组（13~14周岁）。

（2）俱乐部少年乙组（15~16周岁）。

（3）俱乐部少年甲组（17~18周岁）。

（4）俱乐部少年丁组（13~18周岁）。

2.4 俱乐部青年组（19~35周岁）。

2.5 俱乐部成年组：

（1）俱乐部成年丙组（36~45周岁）。

（2）俱乐部成年乙组（46~55周岁）。

（3）俱乐部成年甲组（55周岁以上）。

（二）锦标赛年龄分组

（1）9~14岁组。

（2）15 岁以上组。

第三条 比赛场地

一、场地大小

（1）计数赛场地：5m×5m。

（2）3 分钟 10 人长绳 "8" 字跳，只要求两名摇绳运动员的间距不小于 3.6m。

（3）花样赛场地 12m×12m。

（4）广场绳舞、小型、大型集体自编赛、规定赛场地：不小于 15m×15m。

二、场地要求

（1）正式比赛场地的地面须平整光滑，应为优质运动木地板或跳绳专用塑胶场地，消除可影响比赛的隐患。比赛场地四周至少有 3m 宽的无障碍区，比赛区上空的无障碍空间，从地面至少高 4m。

（2）比赛场地界线宽为 5cm，线宽不包括在场地内，颜色应与场地有明显区别。

（3）裁判席设在独立的裁判区内。裁判区为比赛场地周围 3m 区域，离观众席至少 2m。裁判区与观众席保持一定距离，互不干扰（图 6-1）。

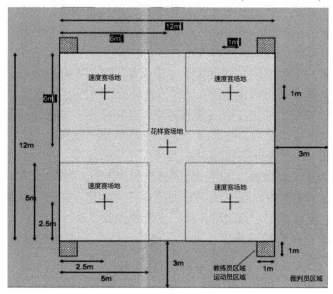

图 6-1 跳绳比赛场地示意图（单位：m）

（4）在比赛中允许有一名团队辅助人员在场地顶角 1m×1m 的指定区域内坐着或蹲下，协助或指导队员更好地发挥水平，但不能影响裁判员执裁工作。

第四条　比赛器材

（1）比赛用绳及其他设施须经组委会审定，如有违反，计数赛每出现一次，主裁判在总成绩上5个；花样赛、集体自编赛、规定赛，每出现一次，按一次大失误计算。

（2）比赛用绳必须达到符合人体安全的环保要求（无毒、无害、无异味），绳体及手柄长短、粗细、颜色、形状、结构、材料和重量不限，也可使用不带手柄的绳具。比赛用绳可做适当修饰，但不得有安全隐患和影响裁判员判断的饰物。

（3）不可使用外部助力器材。

（4）在个人绳的比赛中，每名运动员只能使用1根绳子；在车轮跳、交互绳的比赛中，每队只能使用一副（两根）绳子；在集体自编赛中，长度在7m以上的绳子才能算作长绳，上场前由主裁判测量。绳具不符按一次大失误计算。

（5）速度赛提倡使用电子计数设备。

第五条　比赛服装

一、正确着装

（1）头发必须固定在头上，在花样赛、集体自编赛、规定赛中出现松散、发饰掉落的现象，每出现一次，主裁判按一次大失误计算；速度赛中，每出现一次，总成绩扣除5次。

（2）必须穿着跳绳鞋进行比赛，违反者，取消比赛资格。

（3）女运动员可以化淡妆；

（4）比赛服上禁止使用松散的装饰，在花样赛、集体自编赛、规定赛中出现松散，装饰掉落，每出现一次，主裁判按一次大失误计算，速度赛中，每出现一次，总成绩扣除5次。

（5）禁止佩戴饰物（如手表、项链、耳环等悬垂物），在花样赛、集体自编赛、规定赛中出现松散，饰物掉落，每出现一次，主裁判按一次大失误计算；速度赛中，每出现一次，总成绩扣除5次。

（6）禁止穿有描绘战争、暴力、色情、宗教为主题的服装，违反者，取消比赛资格。

二、比赛服要求

（1）各代表队须统一比赛服装，男女运动员服装款式、颜色应搭配合理。

（2）运动员比赛服装要合体，修饰要适度，不能影响运动，可穿短袖或无袖修身型运动衫、短裤或紧身裤（图6-2）。

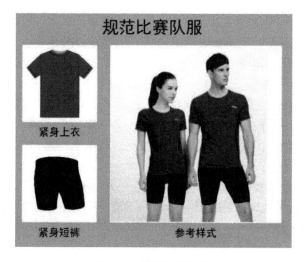

图 6-2　规范比赛队服

（3）运动员服装根据比赛要求，可在衣服的背面印有面积合适、位置统一的姓名、队名、号码、赞助商标志等。但不得印带有不文雅及与本项运动不符的设计或字样。

（4）服装没有按照以上要求的，花样赛、集体自编赛、规定赛，每在场上出现一次，按一次大失误计算；计数赛每出现一次，扣除 5 个，由主裁判进行扣分。

第六条　比赛音响设备和参赛音乐

（1）音响设备应基本达到专业水准，常规放音设备应包括专用放音电脑、CD 播放机、至少 2 组无线话筒、多通道调音台及扩音音响等设备。

（2）赛前要清楚地标明参赛者姓名、参赛项目和参赛单位等信息，选用 MP3 格式，将音乐按规定时间发送到组委会的邮箱，并自备一份。教练员有义务辅助放音员选择播放正确的音乐，音乐的长度必须与比赛规定时间一致。无参赛音乐者并不犯规，但比赛时将无音乐伴奏，会在比赛的音乐元素中扣分。不管是否有音乐伴奏，计时员将从音乐（或动作）开始至音乐（或动作）结束进行手动计时。

（3）如果音乐放错，运动员必须在 5 秒内停止动作，并在 15 分钟内向音控人员提供合适的音乐；如果在错误的音乐伴奏下跳了超过 5 秒，参赛者（队伍）将会被直接评判并无权重新跳。因音响设备引起的故障，教练员或运动员应迅速示意，经主裁判同意后可选择重赛。

（4）参赛音乐是烘托气氛、转换节奏、激发运动员临场表现的重要手段，鼓励参赛队员用内容积极向上、经过精心处理的各种类型和风格的音乐，也可加入特殊音效，但音乐的旋律以及节奏的转换等必须与跳绳动作相配合，音乐录制的质量要确保给人一种悦耳赏心的感觉。

第七条　比赛口令

一、计数赛

在计数赛中均采用电子播音口令，比赛开始口令为"裁判员准备—运动员准备—预备—跳（或哨音）"，结束口令为"停（或哨音）"，比赛中间会有阶段性时间提示，接力项目"换"口令下达后，下一名运动员方可接力转换。

二、花样赛、规定赛、集体自编赛及连续多摇跳比赛

开始口令为"裁判员准备—运动员准备—可以开始"；花样赛、规定赛和集体自编赛在给"停或时间到"的提示后，超时部分的展演，裁判不再评分。

第八条　赛场礼仪

（1）运动员在入场后，动作开始前和结束后，积极地向裁判组和观众鞠躬行礼（绳礼），在花样赛、集体自编赛、规定赛中违反要求的，每出现一次，按一次大失误计算；速度赛中，每出现一次，总成绩扣除5次。

绳礼：运动员右脚站立，左脚脚跟着地，脚心踩住绳子中间位置，两手各握一绳柄拉绳于身体两侧，鞠躬示意。

（2）在任何比赛中，运动员发出不文明的用语时，取消比赛资格。

（3）比赛中运动员不得嚼口香糖等食物，在花样赛、集体自编赛、规定赛中违反要求的，每出现一次，按一次大失误计算；速度赛中，每出现一次，总成绩扣除5次。

第九条　比赛顺序

在总裁判长的监督下，由编排记录组随机生成或抽签决定比赛顺序。若有决赛时，比赛顺序按照预赛成绩由低到高排定。若预赛名次相同，则由编排记录组抽签决定决赛的顺序。

第十条　检录

运动员须在赛前30分钟到达指定地点报到，并检查服装和绳具。赛前20分钟进行第一次检录，赛前10分钟进行第二次检录。

第十一条　弃权与重赛

（1）超过检录时间5分钟未到场按弃权处理。

（2）超过比赛时间1分钟不能上场比赛，按弃权处理。

（3）比赛中运动员因受伤，治疗后不能继续比赛，则判受伤运动员弃权。

（4）比赛中手柄脱离、断绳、播音中断或其他非人为因素等造成比赛

无法继续，经主裁判批准后，可进行重赛。

第十二条 失误

一、小失误

小失误是指在花样类比赛中出现绳子绊脚、绳子触碰到跳绳者或摇绳者身体、遗忘动作等情况而使动作延迟或停顿少于 2 秒的失误。

二、大失误

大失误是指在花样类比赛中出现绳子缠住运动员身体、两根或多根绳子缠在一起、绳子把柄掉地、遗忘动作、鞋子脱落、倒地等情况而使动作延迟或停顿 2 秒以上的失误。

集体自编赛：在比赛的团体中，至少影响场上半数活跃队员 4 秒及以上的失误，被判为大失误。其他所有失误为小失误。

第十三条 犯规

一、时间犯规

（一）抢跳或抢换

所有计数赛项目都不允许抢跳或抢换。在"预备"口令发出后，比赛"跳"或哨音口令未下达前，运动员身体和绳子未保持静止状态；或在接力赛中，"换"的口令未下达之前，运动员就开始转换，都将视为抢跳或抢换。出现抢跳或抢换后，比赛将继续进行。比赛结束后，每抢跳或抢换一人次，总成绩扣除 5 个。

（二）时间不足或超时

音乐播放后或运动员身体与绳子移动为比赛开始，音乐停止或运动员动作结束为比赛结束，时间不足或超时都视为严重犯规，由主裁判按照该项目要求扣分，且超出时间的动作不予评分。

（三）连续多摇跳起跳犯规

运动员在听到"可以开始"比赛信号后，15 秒内未能出现第一个多摇跳，那么将从最终成绩中减去 5 个，超过 1 分钟未能出现第一个多摇跳，按弃权处理。

二、空间犯规

（一）计数赛（除连续多摇跳外）

如果运动员踩线、出界（包括 3 分钟 10 人 "8" 字跳摇绳人的间距线）或交互绳计数赛中跳绳者方向错误，计数暂停，为了鼓励运动员积极完成比赛，错误动作出现后不再计数，裁判员应立即提醒运动员 "出界"，直到在规定的场地内做出正确动作再开始累计计数，时间不间断。

（二）连续多摇跳

运动员踩线或出界，比赛即结束。

（三）花样赛、规定赛与集体自编赛

踩线或出界犯规每出现一次，视为大失误处理，由主裁判从最后得分中扣除 5 分。

三、比赛无效

在计数赛中，每名运动员在同一场比赛中只能采用一种跳绳姿势，不得变换。否则，由主裁判判罚其比赛成绩无效，并取消本项目比赛资格。

第十四条　申诉

运动员对裁判员裁决有争议时，由领队或教练员在比赛结束后 30 分钟内以书面形式向仲裁委员会提出申诉，同时按规程要求交纳申诉费。申诉者必须提供比赛视频，仲裁根据比赛视频给予裁决，成绩在规则误差范围之外，仲裁可重新更正成绩并退还申诉费；成绩在规则允许的误差范围之内的，则保留原始成绩，申诉费不予退还。若不能提供比赛视频，经仲裁同意可进行重赛，但比赛成绩以重赛成绩为准，申诉费不予退还。仲裁委员会的判决为终审裁决。

第十五条　兴奋剂检测

运动员应遵守《国际反兴奋剂公约》和《世界反兴奋剂条例》。赛会组织者应根据国际奥林匹克宪章的规定和国际奥委会的相关要求，实施兴奋剂检测工作。

第十六条　参赛人员规定

参赛人员须认真遵守组委会的各项规定，保持良好的赛风赛纪，并遵守以下规定：

（1）参赛人员必须身体健康，并经医院体检合格。

（2）各运动队应公平竞争，服从裁判的判罚。

（3）任何参赛人员不得在比赛期间对裁判人员施加影响和干扰，不得向裁判人员赠送礼品或礼金等。

（4）除速度赛外，参赛人员不得以任何形式对场上运动员进行提示或指导。

（5）运动员每次只能代表一个单位一个组别参赛，不得冒名顶替，违者将被取消所有项目的比赛成绩。

（6）教练必须凭本人的教练证随队员同时进、出比赛场地；队员比赛时，必教练须在规定区域坐着或蹲下；不得在比赛时大声喧哗，影响裁判执裁，违者裁判长将向大会通报取消该队伍的比赛临场指导。

（7）拍照时禁止使用闪光灯等影响运动员比赛的器材。

（8）参赛人员不得服用兴奋剂。

（9）参赛人员应尊重他人，在发挥自身最高水平的同时，也要为别人的成功与进步喝彩。

第三章 仲裁委员会与裁判人员

第一条 仲裁委员会

仲裁委员会由主任、副主任和若干委员组成。负责受理运动队的申诉，并及时作出裁决，仲裁委员会的判决为终审裁决。

第二条 竞赛委员会

根据不同的比赛规模，可设立竞赛委员会（或竞赛部、竞赛处），在大会组委会的统一领导下，负责整个大会的竞赛组织工作。

第三条 裁判人员组成

（1）比赛设总裁判长1人，竞赛长1人，副裁判长1~3人。

（2）比赛设执行裁判组、编排记录组和检录组。

（3）执行裁判组分为计数赛裁判组、花样集体自编赛裁判组、规定赛裁判组。其中，计数赛每块场地由3名计数裁判员担任裁判工作，其中1人为主裁判；花样集体自编赛和规定赛分别由10名裁判员担任裁判工作。

（4）编排记录组设编排记录长1名，编排记录员2~3人，联络员3人，宣告员1人。

（5）检录组设检录长1人，检录员3人，赛后管理2人。具体见表6-1。

表6-1 裁判人员组成

单位：人

裁判人员	计数赛	花样赛				集体自编赛	规定赛
		个人	两人	车轮跳	交互绳		
主裁判	n	1	1	1	1	1	1
计数裁判	3n	/	/	/	/	/	/
难度裁判	/	1-3	1-3	1-3	1-3	3	3
创意、失误裁判	/	1-3	1-3	1-3	1-3	3	3
规定元素、失误/娱乐表演	/	1-3	1-3	1-3	1-3	3	/
总数	3n	4-10	4-10	4-10	4-10	10	7

注：n=计数赛场地数量。

第四条　裁判人员职责

一、总裁判长

（1）领导各裁判组的工作，组织裁判员学习竞赛规则和竞赛规程，落实裁判员分组及分工，确保裁判组公平、公正、公开的执裁。

（2）比赛前，检查落实场地、器材、裁判用具以及编排、抽签等各项准备工作。核查参赛运动员报到情况，通报训练场地和时间安排。

（3）召开各裁判长、领队和教练员联席会议，对比赛的有关事宜进行必要的说明，并及时解答领队教练提出的问题。

（4）比赛中，指导各裁判组工作，解决竞赛中的有关问题，但无权修改规则。

（5）若比赛在室外进行，遇特殊情况（大风、大雨等）影响比赛时，有权决定是否继续进行比赛。

（6）比赛后，审核并宣布成绩，做好比赛裁判工作总结。

二、竞赛长职责

（1）负责赛前工作的筹备、竞赛报名、物料准备、奖牌奖状统计、开、闭幕式流程安排。

（2）协助总裁判长的工作。

（3）协调承办方与各部门无缝对接，做好后勤保障工作。

三、副裁判长

（1）协助总裁判长的工作。

（2）在总裁判长缺席时，代理总裁判长职责。

（3）完成总裁判长分配的工作。

四、执行裁判组

（一）主裁判

（1）组织本裁判组的业务学习并实施裁判工作。

（2）向计时员、播音宣告员示意裁判员准备就绪，向运动员示意各就各位。

（3）速度赛与花样赛负责记录和判罚运动员在比赛中的失误、时间和与计时员各负责场地两条边的空间犯规，若出现裁判人数不足等特殊情况，主裁判可兼规定元素+失误或者娱乐表演+失误。

（4）比赛结束后，负责签署比赛成绩登记表。

（5）查看本组裁判员业务能力，对在裁判工作中出现失误的裁判员提出警告。

（6）在集体自编赛中检查绳长。

（二）裁判员

（1）遵守大会各项规定。公正执行规则，公平执裁。

（2）服从总裁判长、副裁判长和主裁判的领导，认真准时参加业务学习，做好准备工作。执裁期间，不得与参赛队伍交流，不得酗酒。

（3）准确完成计数或评分工作，并认真填写临场记录表。

（三）计时员

（1）负责所有比赛的手动计时工作。

（2）若出现时间犯规，应及时通知主裁判。

（3）花样赛、集体自编赛、规定赛中与主裁判各负责场地两条边，若出现空间犯规，应及时告知主裁判。

五、编排记录组

（一）编排记录长

（1）负责比赛的编排记录组（赛前编排、赛中记录和赛后数据处理）工作。

（2）比赛前准备好比赛所需表格。负责组织比赛抽签工作，打印竞赛日程表发放给裁判组和各运动队。

（3）比赛后核对比赛成绩，录取比赛名次，发布成绩公告。

（4）整理比赛原始资料归档，总结。

（二）记录员

（1）服从编排记录长的工作安排。

（2）负责比赛成绩的计算、统计工作。

（3）每场比赛后，整理好记录册，上交编排记录长。

（4）核查比赛成绩，打印成绩册，发布成绩公告。

（三）联络员

（1）负责比赛中收发所有表格。

（2）协助记录员核算成绩分数。

（3）张贴公告等工作。

（四）播音宣告员（赛事主持人）

（1）介绍比赛情况和竞赛安排，介绍执行裁判员、运动员，并宣告比赛结果等。

（2）负责计数赛、花样赛、集体自编赛和规定赛的电子口令及音乐的播放工作。

（3）负责赛场的宣传教育和对观众的引导工作。

六、检录组

（一）检录长

（1）负责检录组的各项工作。

（2）按规则要求布置比赛场地，检查比赛器材和运动员比赛服装。

（3）按时检录，如出现运动员不到或弃权等问题，及时报告总裁判长。

（4）审核并书面确认检录单。

（5）组织开、闭幕式，颁奖以及各运动队的进退场工作。

（二）检录员

（1）比赛前负责检录运动员。

（2）协助检录长检查运动员服装、比赛用绳及备用绳。

（3）引导运动员进入指定的比赛场地。

（4）向检录长报告弃权运动员（队）名单。

（三）赛后管理

（1）协助检录长通知获奖队伍及时颁奖。

（2）协助打印奖状分发奖牌。

七、裁判着装

裁判必须身穿深蓝或黑色的西服、皮鞋、佩戴领带（男）/丝巾（女）、金属裁判标志；上衣和裤子不得带有某队队名或除 CRSA 的标志与 CRSA 赞助商的标志外的任何标志。CRSA 会发给每位认证裁判一条领带（男）/丝巾（女）。

参考文献

［1］杨小凤. 花样跳绳［M］. 上海：上海教育出版社，2014.

［2］张小美. 花样跳绳教学实践［J］. 青少年体育，2013（01）.

［3］刘树军. 花样跳绳［M］. 北京：高等教育出版社，2013.

［4］王家宏，姚辉周. 运动训练［M］. 南宁：广西师范大学出版社，2009.

［5］王海英. 花样跳绳运动研究［J］. 宝鸡文理学院学报（自然科学版），2014（02）.

［6］毛振明. 体育与健康课改论［M］. 北京：北京体育大学出版社，2009.

［7］扈诗兴. 跳绳研究［J］. 体育文化导刊，2012（10）.

［8］胡小明. 体育休闲娱乐理论与实践［M］. 北京：高等教育出版社，2004.

［9］顾渊彦. 体育课程的约束力与灵活性［M］. 北京：人民体育出版社，2002.

［10］张欣. 绳彩飞扬［M］. 沈阳：白山出版社，2010.

［11］顾堃. 探析我国跳绳文化历史研究［J］. 体育世界，2013（08）.

［12］王然科，张吾龙. 中外跳绳运动发展研究［J］. 体育文化导刊，2011（09）.

［13］郭贤成，刘洪燕，邱丽玲. 我国跳绳竞赛项目设置的研究［J］. 北京体育大学学报，2010（08）.

［14］国家体育总局社会体育指导中心. 跳绳竞赛规则［M］. 北京：高等教育出版社，2011.

［15］段太宗. 花样跳绳校本课程开发及对学生身心健康影响的分析［J］. 青少年体育，2016（03）.

［16］王然科，张吾龙. 中外跳绳运动发展研究［J］. 体育文化导刊，2011（09）.

［17］刘景刚. 民族民间体育［M］. 大连：大连理工大学出版

社，2010.

[18] 孟慧丽. 花样跳绳融入高校艺术体操绳操教学的研究 [J]. 四川体育科学，2012（04）.

[19] 王守中. 跳绳 [M]. 北京：人民体育出版社，1980.

[20] 张翼. 跳绳在体育教学中的运用 [J]. 和田师范专科学校学报，2008（01）.

[21] 田麦久. 运动训练学 [M]. 北京：高等教育出版社，2006.

[22] 邱志钊. 课程与教法 [M]. 北京：高等教育出版社，2002

[23] 苏文玲. 浅析在学校开展跳绳运动的可行性 [J]. 当代体育科技，2012（15）.

[24] 江波. 国外跳绳运动发展动态 [J]. 解放军体育学院学报，2005（02）.

[25] 赵振平. 从小玩跳绳 [M]. 北京：人民教育出版社，1999.

[26] 王海英，马云慧. 跳绳的现代转型审视 [J]. 体育文化导刊，2014（08）.

[27] 白晋湘. 民族民间体育 [M]. 北京：高等教育出版社，2010.

[28] 王岗. 体育的文化真实 [M]. 北京：北京体育大学出版社，2007.

[29] 王然科，张吾龙. 美国跳绳运动探析 [J]. 体育文化导刊，2014（06）.

[30] 汪浩. 跳绳锻炼对大学生情绪、睡眠健康的干预研究 [J]. 武汉体育学院学报，2008（06）.

[31] 吴琼，张鲲. 论花样跳绳运动的人文价值 [J]. 四川体育科学，2015（02）.